Le droit des sûretés dans l'espace OHADA

Études africaines
Collection dirigée par Denis Pryen

Dernières parutions

Hygin Didace AMBOULOU, *Le droit du développement et de l'intégration économique dans l'espace OHADA*, 2014.
Khalid TINASTI, *Le Gabon, entre démocratie et régime autoritaire*, 2014.
Comlan Atsu Luc AGBOBLI, *Et demain l'agriculture togolaise...*, 2014.
Vincent MBAVU MUHINDO, *De l'AFDL au M23 en République démocratique du Congo*, 2014.
Seign-Goura YORBANA, *Les investissements directs chinois en Afrique. La China National Petroleum Corporation International Chad (CNPCIC)*, 2014.
Léon KOUNGOU, *Boko Haram. Le Cameroun à l'épreuve des menaces*, 2014.
Daniel S. LARANGE, *De l'écriture africaine à la présence afropéenne*, 2014.
DJARANGAR DJITA ISSA, *Dictionnaire pratique du français du Tchad*, 2014.
Roger KAFFO FOKOU, *Médias et civilisations*, 2014.
Togba ZOGBELEMOU, *Droit des organisations d'intégration économique en Afrique*, 2014.
Gaston SAMBA, *Le Congo-Brazzaville, Climat et environnement*, 2014.
Déo NAMUJIMBO, *Je reviens de l'enfer, Reportage de guerre à l'est de la RD Congo (août-septembre 1998)*, 2014.
Nuah M. MAKUNGU MASUDI, *Economie mondialisée, coopératives délaissées*, 2014.
Patrice MUKATA BAYONGWA, *Remédier à l'échec scolaire dans les écoles catholiques de Bukavu (R. D. Congo), Volume 1 et 2*, 2014.
Olivier NKULU KABAMBA, *Les médecins en Afrique et la sorcellerie*, 2014.
Alexis TOBANGUI, *Défense deuxième chance et la socialisation des jeunes en difficulté*, 2014.
Hermine MATARI, *Les instituteurs dans la société gabonaise*, 2014.
Noël Christian-Bernard OBIANG NNANG, *Les empereurs romains en Afrique du Nord. Les grandes réformes du IIe au IIIe siècle ap. J.-C.*, 2014.
Pierre KIPRÉ, *Cultures et identités nationales en Afrique de l'Ouest. Le* Daà *dans la société béninoise d'hier à demain*, 2014.
Edouard Epiphane YOGO, *Etat fragile et sécurité humaine au sud du Sahara*, 2014.
Wendpanga Jacob YOUGBARÉ, *Méthodes d'aide à la décision appliquées pour le développement au Burkina Faso. La méthodologie Data Envelopment Analysis (DEA), 2014.*
Pierre KOULODJI, *Vatican II et la parenté responsable. Histoire et analyse de* Gaudium et spes *50,2*, 2014.
Lucien PAMBOU, *La mondialisation, une chance pour l'Afrique ? Les Afriques noires francophones de l'ouest et du centre : sujets d'hier, acteurs de demain*, 2014.

Hygin Didace Amboulou

Le droit des sûretés dans l'espace OHADA

Préface de Martin Ndendé

L'Harmattan

Du même auteur

Le Notariat congolais de 1960 à nos jours, Préface Charles Emile APESSE, Les éditions Hemar, Brazzaville-Bruxelles, 2005.

L'Administration du Territoire et les collectivités locales en République du Congo, Préface François IBOVI, L'Harmattan et Hemar, Brazzaville –Paris, 2007.

Le Notaire et le service Public, Préface Fidèle MOUGUENGUE, L'Harmattan, Brazzaville-Paris, 2008.

La légalisation et l'authentification des Actes, Préface Auguste ILOKI, Brazzaville-Bruxelles, 2009.

Les libéralités et les successions en droit congolais, L'Harmattan, Brazzaville-Paris, 2009.

Le droit des collectivités locales au Congo, L'Harmattan, Brazzaville-Paris, 2010.

La Cause et l'objet des obligations civiles, Les éditions Hemar, Brazzaville-Bruxelles, 2010.

Nostalgite (Roman), L'Harmattan, Brazzaville-Paris, 2010.

Le Divorce et la séparation de corps en droit congolais, L'Harmattan, Brazzaville-Paris, 2011.

Traité congolais de droit pénal et procédure pénale, L'Harmattan, Brazzaville-Paris, 2012.

Traité congolais de procédure civile, commerciale, administrative, financière et des voies d'exécution, L'Harmattan, Brazzaville-Paris, 2012.

Pratique et Déontologie Notariales en droit positif, L'Harmattan, Brazzaville-Paris, 2012.

Histoire des institutions judiciaires congolaises de 1910 à nos jours, Préface Aimé Emmanuel Yoka, L'Harmattan, Brazzaville-Paris, 2012.

Les personnes, les incapacités et la filiation en droit congolais, L'Harmattan, Brazzaville-Paris, 2013.

Traité congolais de droit du travail et de la sécurité sociale, L'Harmattan, Brazzaville-Paris, 2013

Le droit des affaires dans l'espace OHADA, L'Harmattan, 2014.

Le droit des libertés publiques au Congo, L'Harmattan, 2014.

Le mariage et les régimes matrimoniaux en droit congolais, L'Harmattan, 2014.

5-7, rue de l'Ecole-Polytechnique, 75005 Paris

http://www.harmattan.fr
diffusion.harmattan@wanadoo.fr

ISBN : 978-2-343-04189-6
EAN : 9782343041896

Préface

Voici un livre actuel et qui répond aux préoccupations les plus nobles des professionnels, des chercheurs et étudiants. Il constitue un outil de travail efficace que les lecteurs de tous les horizons ont désormais à portée de mains. Écrit dans un langage clair et limpide, l'auteur Hygin Didace AMBOULOU y explique toute la réglementation applicable en la matière et insiste sur les innovations apportées par le nouvel Acte uniforme de l'OHADA (agents de sûretés, garantie et contre garantie autonomes...). Il présente, en outre, le régime juridique de chaque sûreté qu'il situe dans la classification générale entre les sûretés personnelles et les sûretés réelles à partir de l'étude du cautionnement, du gage et du nantissement, sûreté dont le législateur a subordonné, en outre, la validité à son inscription au Registre du commerce et du crédit mobilier.

Sa démarche est d'autant plus authentique qu'elle simplifie davantage l'étude des différentes sortes d'hypothèques, notamment l'hypothèque conventionnelle, l'hypothèque légale et l'hypothèque judiciaire. L'auteur clarifie pour chacune d'elles la particularité aussi bien dans leur mode d'inscription, d'extinction que de radiation. Il en est ainsi également de la publicité foncière. Là, l'auteur a réussi, plus que jamais, à harmoniser le niveau de compréhension des agents de l'Administration, des usagers et de toutes les autres personnes concernées par cette opération aux conséquences parfois fâcheuses. Enfin, avec une attention particulière aux étudiants et chercheurs, chaque thème ou chapitre étudié est révisé et récapitulé dans la dernière partie du livre consacrée aux sujets types d'examens avec corrigés.

Je suis donc heureux, de présenter ce livre qui vient compléter la liste croissante, des publications consacrées à cette matière dans l'espace OHADA. Ce plaisir est conforté par deux autres raisons.

D'une part, en ma qualité de codirecteur de sa thèse de doctorat en droit des affaires (avec ma collègue, la Professeure Laure Nurit de la Faculté de Droit et des Sciences politiques de Nantes). Il m'est très agréable de constater que l'auteur, malgré ses lourdes responsabilités liées à sa profession de notaire, sacrifie un temps et accorde une importance considérable à la Recherche. D'autre part, parce que la matière abordée étant d'une extrême complexité, et souvent réservée à la seule intelligibilité des spécialistes, l'on se félicite d'observer que l'auteur s'est habilement employé à lever le voile sur les zones d'ombre, en rendant sa compréhension facile et même fort utile. Je suis convaincu que cet ouvrage sera consulté avec fruit par tous les praticiens, chercheurs, décideurs et autres personnes confrontés à cette thématique essentielle et incontournable dans notre vie civile et dans nos activités économiques.

Nantes, le 04-06-2014.

Martin Ndendé
Professeur des Universités
Spécialiste du Droit des Affaires, du Droit Maritime et des Transports
Directeur de l'Institut EURAFRIQUE EXPORT.
Avocat-Conseil.

PRÉSENTATION GÉNÉRALE

1. Le créancier court, quant au paiement de ce qui lui est dû, un double risque lorsque son obligation ne comporte aucune garantie spéciale. D'une part, entre la naissance de sa créance et le moment où le créancier en demande l'exécution, le débiteur a pu prendre de nouveaux engagements. Si ses biens sont insuffisants pour payer les créanciers, il faudra en partager le prix au prorata du montant des créances. Le créancier n'a aucun droit de préférence par rapport à ceux qui ont acquis leur créance postérieurement à lui.

D'autre part, le créancier ne peut exercer son « *droit de gage général* » que sur les biens dont son débiteur est titulaire au moment où il procède à leur saisie. En dehors de toute fraude et de toute négligence du débiteur, le patrimoine de celui-ci peut avoir diminué depuis la naissance de l'obligation. Le créancier n'a aucun moyen d'exercer ses poursuites sur les biens du débiteur qui ont été aliénés sans fraude : il n'a pas le *droit de suite*. Pour être plus sûr d'être payé, le créancier doit se procurer une sûreté qui le mettra à l'abri du risque d'insolvabilité de son débiteur.

L'importance que l'OHADA accorde aux sûretés est manifeste. Et pour réaliser ses objectifs d'assainissement de l'environnement juridique des affaires et de sécurisation des investissements, l'Acte uniforme portant organisation des sûretés a été adopté le 1er janvier 1998, publié au *Journal officiel* de l'OHADA du 1er juillet 1998, mais révisé le 15 décembre 2010 à Lomé (Togo). Cet Acte uniforme compte 228 articles qui régissent toutes les sûretés personnelles et réelles avec quelques innovations relatives au statut de l'agent des sûretés et à l'institution, dans la classe des sûretés personnelles, de la garantie et contre garantie autonomes. On peut aussi relever que, dans son fonctionnement, l'Acte uniforme portant organisation des sûretés s'appuie sur deux autres Actes uniformes, notamment l'Acte uniforme portant organisation des procédures simplifiées de recouvrement de créances du 10 avril 1998 et l'Acte uniforme portant organisation des procédures collectives d'apurement du passif de la même date, auxquels nous avons consacré une étude approfondie dans notre ouvrage, dans la même collection : *Traité congolais de procédure civile, commerciale, administrative, financière et des voies d'exécution.*

Une des premières innovations à relever est l'institution de l'agent des sûretés dont la vocation est de jouer un rôle central dans la gestion des sûretés notamment en matière de crédits consortiaux, de financements structurés, de financements internationaux de projets. Les régimes du cautionnement et des garanties autonomes sont réaménagés. Les règles

relatives à l'inscription des sûretés mobilières au Registre du commerce et du crédit mobilier sont déclinées de manière plus cohérente. S'agissant précisément des sûretés mobilières, les innovations ne manquent pas : le domaine du droit de rétention est redéfini ainsi que ses conditions d'exercice, des sûretés sont introduites (réserve de propriété, cession de créance à titre de garantie d'un crédit, transfert fiduciaire de somme d'argent, nantissement de compte bancaire tenu pour un nantissement de créance, nantissement de compte de titres financiers, nantissement des droits de propriété intellectuelle). Il est vrai que sous l'empire de l'ancien Acte uniforme, le nantissement sur solde de compte bancaire pouvait être constitué dans les termes des articles 44 à 50 – 1 selon que les avoirs monétaires en compte étaient considérés comme des biens corporels ou une créance de restitution du titulaire du compte contre le banquier.
Le régime du gage – qui ne se conçoit plus qu'en matière de meuble corporel – subit un changement non négligeable de paradigme en ce sens que la dépossession n'est plus une condition constitutive dudit gage. Le gage n'est plus un contrat réel. Il peut porter sur des choses futures.
De même, le pacte commissoire est consacré dans les limites fixées par le nouvel Acte uniforme. Il trouve à s'appliquer à tous les nantissements sauf en matière de nantissement de fonds de commerce. La seule modalité de réalisation au cas de nantissement de fonds de commerce étant la vente judiciaire dans les conditions prévues par les dispositions organisant les voies d'exécution. L'attribution judiciaire du fonds de commerce n'est pas possible en application de l'article 178, alinéa unique, paragraphe 2 de l'Acte uniforme.
Concernant les garanties hypothécaires, des innovations sont aussi à signaler notamment l'hypothèque de biens futurs, le réaménagement de l'hypothèque de bien indivis, l'attribution judiciaire de bien sous hypothèque, la consécration du pacte commissoire en matière hypothécaire. La résidence principale (au cas d'attribution judiciaire) ou la maison d'habitation (en cas de mise en œuvre du pacte commissoire) du constituant échappe à ces deux modes de réalisation.

2. La suppression du cautionnement réel. La suppression du cautionnement réel est empreinte d'avantages avec des raisons qu'il convient d'exposer d'abord. La précision doit être faite que le mécanisme subsiste qui consiste pour une personne, autre que le débiteur, à affecter en garantie un bien lui appartenant. Cela est considéré dorénavant comme une sûreté réelle. En conséquence, la suppression porte sur les concepts de caution réelle, de cautionnement hypothécaire ainsi que sur les effets induits, en termes de régime juridique, de pareils concepts.

Les raisons de la suppression du cautionnement réel. Ce qui était appelé cautionnement réel n'impliquait aucun engagement personnel du constituant. Le régime juridique du cautionnement réel était d'une complexité affreusement byzantine.

3. Les avantages de la suppression du cautionnement réel

– la clarification du mécanisme qui consiste pour une personne autre que le débiteur à donner en garantie son bien ;
– la simplification du régime juridique du mécanisme qui n'est au fond qu'une sûreté réelle avec toutes les conséquences attachées à telle simplification.

L'introduction de sûretés. Les rédacteurs de l'Acte uniforme ont procédé par un élargissement de l'assiette des sûretés. Ils ont consolidé l'offre de garanties. Ont été introduits des nantissements ainsi que des sûretés-propriété.

a) L'introduction des nantissements. Les nantissements suivants ont été introduits :

– nantissement de compte bancaire ;
– nantissement de compte de titres financiers ;
– nantissement des droits de propriété intellectuelle.

b) L'introduction des sûretés-propriété. Les sûretés assises sur la propriété qui ont été introduites dans l'Acte uniforme sont la traduction d'une volonté d'aller à pas comptés vers un dispositif global sur la Fiducie, à l'exemple de la loi française du 19 février 2007 codifiée en droit constant dans le Code civil sous les articles 2011 et suivants.

Les sûretés-propriété introduites dans l'Acte uniforme sont :

– la réserve de propriété,
– la cession de créance à titre de garantie,
– le transfert fiduciaire de somme d'argent.

Il est certain que les sûretés-propriété signalent des garanties d'une redoutable efficacité. Elles sont notamment des instruments de contournement des procédures collectives d'apurement du passif des débiteurs. Raison pour laquelle la pratique les désigne sous l'expression savoureusement imagée de « sûretés d'évitement ». Tout de même, il serait téméraire d'en inférer qu'elles sécurisent absolument les droits des créanciers. À preuve, le créancier réservataire de propriété a vocation à

entrer en conflit avec le bailleur d'immeuble adossé à son antique privilège avec le risque de se voir sacrifier aux intérêts dudit bailleur.
Le banquier cessionnaire de la créance à lui transmise à titre de garantie, se trouvera sans doute en confrontation avec le banquier – du cédant – réceptionnaire du montant de la créance cédée payé dans ses livres par le débiteur cédé tenu dans l'ignorance de la cession. L'établissement de crédit cessionnaire de la créance cédée est appelé à se disputer la créance du prix de revente de la marchandise vendue avec réserve de propriété. Il aura contre lui le fournisseur de son correspondant en compte bancaire, lequel correspondant en compte après lui avoir cédé ses créances présentes et futures au vu d'une convention-cadre de crédit par cession de créance, procède à la revente du bien acquis du fournisseur réservataire de propriété. L'établissement de crédit cessionnaire de créance à titre de garantie peut aussi souffrir les prétentions du sous-traitant sur le montant de la créance correspondant à la part sous traitée du marché exécutée par ce dernier. Où il ressort qu'il n'est pas de sûreté conférant une absolue sécurité. Ce qui ne saurait signifier que la réforme manque d'implications qualitatives.

Les progrès d'ordre qualitatif. Les établissements de crédit sont appelés à voir deux types d'implications. Celles à caractère institutionnel et celles à caractère matériel.

4. Les aspects d'ordre institutionnel. Ils s'ordonnent autour de la consécration de l'Agent des sûretés et du renforcement des fonctions de la publicité au Registre du commerce et du crédit mobilier.

5. Agent des sûretés. L'article 5 de l'Acte uniforme dispose que « Toute sûreté ou autre garantie de l'exécution d'une obligation peut être constituée, inscrite, gérée et réalisée par une institution financière ou un établissement de crédit, national ou étranger, agissant, en son nom et en qualité d'agent des sûretés, au profit des créanciers de la ou des obligations garanties l'ayant désigné à cette fin ». L'acte désignant l'agent des sûretés mentionne, à peine de nullité :
1°) la ou les obligations garanties ou, si elles sont futures, les éléments de nature à permettre leur individualisation, tels que l'indication de leur débiteur, de leur lieu de paiement, de leur montant ou l'évaluation de ce dernier, et de leur échéance ;
2°) l'identité, au jour de la désignation de l'agent des sûretés, des créanciers de la ou des obligations garanties ;
3°) l'identité et le siège social de l'agent des sûretés ;
4°) la durée de sa mission et l'étendue de ses pouvoirs d'administration et de disposition ;

5°) les conditions dans lesquelles l'agent des sûretés rend compte de sa mission aux créanciers de la ou des obligations garanties.
Lorsque l'agent des sûretés agit au profit des créanciers de la ou des obligations garanties, il doit en faire expressément mention et toute inscription d'une sûreté effectuée à l'occasion de sa mission doit mentionner son nom et sa qualité d'agent des sûretés. Sauf stipulation contraire et pour tout ce qui a trait aux obligations garanties, les créanciers sont représentés par l'agent des sûretés dans leurs relations avec leurs débiteurs, leurs garants, ainsi que les personnes ayant affecté ou cédé un bien en garantie de ces obligations, et les tiers. Dans la limite des pouvoirs qui lui ont été conférés par les créanciers de la ou des obligations garanties, l'agent des sûretés peut intenter toutes actions pour défendre leurs intérêts, y compris en justice, la seule indication qu'il intervient en sa qualité d'agent des sûretés étant suffisante.

6. Le renforcement des fonctions de la publicité des sûretés. Un principe de généralisation des inscriptions a été retenu sauf pour le nantissement de compte de titres financiers et le transfert fiduciaire de somme d'argent qui restent des garanties occultes. La publicité est un élément d'information des tiers, d'opposabilité et de règlement des conflits de titularité entre créanciers sur une même sûreté dans le cadre d'un régime réaménagé.

Les implications à caractère matériel. Il importe de relever tour à tour, le réaménagement des conditions de constitution des sûretés et la refonte du formalisme.

a) Les conditions de constitution des sûretés

– en matière de sûretés personnelles : pour le cautionnement, la mention manuscrite devient une formalité probatoire alors que la garantie et la contre-garantie autonomes ont lieu suivant les modalités convenues par les parties ;
– en matière de sûretés réelles : les garanties peuvent porter sur des biens futurs ainsi que sur des biens en remploi. Ce qui autorise par exemple le gage sur valeur.

b) Le formalisme

– le formalisme informatif en matière de cautionnement porté à six mois ;
– la généralisation de l'écrit à peine de nullité pour les garanties autonomes et les sûretés réelles ;
– élargissement de la publicité, exception faite du nantissement de compte de titres financiers et du transfert fiduciaire de somme d'argent.

7. Les modalités de réalisation des sûretés réelles. L'extension de l'attribution judiciaire en matière d'hypothèque. L'introduction du Pacte commissoire ou attribution conventionnelle pour toutes les sûretés réelles sauf en matière de nantissement de fonds de commerce. Ces innovations sont de nature à faciliter la réalisation des garanties réelles par les établissements de crédit dans l'espace OHADA.

Classification des sûretés. Il existe deux types de sûretés : les sûretés personnelles et les sûretés réelles d'une part, les sûretés légales et les sûretés conventionnelles d'autre part.

1) Sûretés personnelles et sûretés réelles

a) Les Sûretés personnelles consistent dans l'adjonction d'un ou plusieurs débiteurs accessoires dont les ressources s'ajoutent à celles du débiteur principal pour garantir l'exécution de l'obligation. La sûreté personnelle ne confère au créancier ni *droit de préférence*, ni *droit de suite* sur les biens de ces débiteurs accessoires. Il court donc à l'égard de ces débiteurs accessoires les mêmes risques d'insolvabilité qu'à l'égard du débiteur principal. Il existe deux sûretés personnelles : *le cautionnement et la garantie et contre garantie autonome.*

b) Les sûretés réelles consistent dans l'affectation d'un ou plusieurs biens du débiteur au paiement de sa dette. La sûreté réelle permet au créancier de se faire payer par préférence sur le prix des biens qui ont été affectés à la garantie de sa créance. Elle est donc beaucoup plus efficace que la sûreté personnelle.

Il existe quatre sûretés réelles :
– *le droit de rétention* : droit accordé à certains créanciers de « retenir » une chose dont ils sont détenteurs tant qu'ils n'auront pas été payés ;
– *le nantissement* : remise par le débiteur d'une chose au créancier pour qu'il la conserve jusqu'au paiement, ou à défaut de paiement, qu'il la fasse vendre pour être payé sur le prix par préférence aux autres créanciers ;
– *l'hypothèque* : affectation d'un immeuble du débiteur à la garantie d'une créance, sans qu'il y ait dessaisissement de ce débiteur. L'hypothèque confère au créancier le droit de suite qui lui permet de saisir le bien en quelques mains qu'il se trouve et le droit de préférence qui lui permet d'être payé avant les autres créanciers.
– *le privilège* : droit de préférence accordé par la loi à certaines créances sur le prix de tous les biens (privilèges généraux) ou de certains biens (privilèges spéciaux) du débiteur. Les sûretés personnelles se présentent sous trois formes : la solidarité, l'indivisibilité, et le cautionnement.

8. La solidarité. La solidarité active est un lien qui unit plusieurs créanciers, et en vertu duquel chacun d'eux peut exiger en totalité l'exécution de l'obligation. La solidarité passive est un lien qui unit plusieurs débiteurs, et en vertu duquel chacun d'eux peut être contraint de payer la dette intégralement. La solidarité passive constitue pour le créancier une excellente garantie, dans la mesure où l'insolvabilité d'un de ses débiteurs sera supportée par les codébiteurs. Elle est soit conventionnelle, soit légale, mais ne se présume pas. Dans toute solidarité passive, les codébiteurs se présentent tous matériellement, et le créancier a le droit de réclamer le tout à l'un quelconque d'entre eux, le paiement fait par celui-ci libérant tous les autres à l'égard du créancier. La solidarité passive parfaite s'accompagne d'effets secondaires. La mise en demeure adressée par le créancier à l'un quelconque des débiteurs a effet à l'égard de l'ensemble des codébiteurs solidaires, la prescription interrompue par le créancier à l'égard de l'un des codébiteurs solidaires se trouvant interrompue à l'égard de tous, le jugement obtenu par le créancier à l'encontre de l'un des codébiteurs s'impose à tous. La solidarité passive imparfaite ne produit que les effets principaux de la solidarité (l'exemple que l'on peut citer est celui du droit civil : il y a solidarité imparfaite entre les coauteurs d'un délit envers leur victime).

9. L'indivisibilité. L'indivisibilité naît en principe de ce que, bien qu'il existe plusieurs dettes, il est impossible de fractionner l'objet d'une obligation (ainsi, lorsque trois personnes se sont engagées ensemble à livrer une marchandise). Chaque codébiteur est ainsi tenu à exécuter le tout, non parce qu'il représente les autres, non parce qu'il doit le tout, mais parce que, par nature, l'objet est indivisible. On voit tout de suite l'intérêt de l'indivisibilité pour le créancier. Il suffisait alors de penser à créer une indivisibilité fictive résultant non de la nature de l'objet mais de la convention, pour établir une nouvelle sûreté. Cette sûreté produit les effets principaux de la solidarité, chacun des débiteurs étant tenu au tout, et le paiement de l'un libérant les autres. Mais des effets secondaires de la solidarité, un seul se produit : l'interruption de la prescription faite à l'égard de l'un des codébiteurs vaut à l'égard de tous.

2) Sûretés légales et sûretés conventionnelles

a) La sûreté légale a sa source dans la loi qui fait au créancier une situation privilégiée, sans qu'il y ait manifestation de volonté de celui-ci. Le droit de rétention, les privilèges quels qu'ils soient, certaines hypothèques sont des sûretés légales.

b) La sûreté conventionnelle a sa source dans la volonté des parties. Contrairement au principe de la liberté contractuelle, la volonté des parties ne peut faire naître que l'une des sûretés prévues par la loi.

PREMIÈRE PARTIE. LES SÛRETÉS RÉELLES

CHAPITRE 1. LE CAUTIONNEMENT

10. Le cautionnement est un contrat par lequel une personne appelée caution ou fidéjusseur, promet au créancier d'exécuter les obligations du débiteur dit débiteur principal si celui-ci ne tient pas ses engagements. Le cautionnement est volontaire, légal ou judiciaire, c'est-à-dire que tantôt c'est le créancier qui demande et obtient du débiteur que ce dernier lui fournisse une caution, tantôt c'est la loi (ou une décision judiciaire) qui oblige le débiteur à fournir caution ; mais dans tous les cas, le cautionnement ne peut naître que d'un contrat librement conclu entre le créancier et la caution, nul ne pouvant être nommé caution sans l'avoir voulu. Ce contrat n'est soumis à aucune forme particulière, mais la caution offerte par le débiteur doit être domiciliée dans le ressort de la Cour d'appel où l'obligation doit être exécutée, elle doit être capable de s'obliger verbalement et avoir un patrimoine suffisant pour répondre à l'objet de l'obligation. Il existe deux sortes de cautionnement. Le *cautionnement simple* et le *cautionnement solidaire*, ce dernier constituant pour le créancier une meilleure garantie. Lorsqu'il y a cautionnement simple, la caution jouit de deux bénéfices, le *bénéfice de discussion*, qui lui permet de demander au créancier de s'adresser d'abord au débiteur, et le *bénéfice de division*, qui, dans le cas où il y a plusieurs cautions, permet à l'une d'entre elles de demander au créancier de partager son action. Mais lorsqu'il y a cautionnement solidaire, la caution doit être considérée comme un débiteur solidaire et n'a ni bénéfice de discussion ni bénéfice de division. À noter que, lorsque la caution a payé la dette, elle a un recours contre le débiteur principal pour recouvrer le montant de la dette principale, les intérêts de cette somme et les frais.

Section 1. Caractère du cautionnement

a) Le cautionnement est défini à l'article 13 de l'Acte uniforme portant organisation des sûretés.

Le terme « cautionnement » désigne à la fois l'opération consistant à garantir le créancier en lui fournissant un débiteur supplémentaire au cas où le débiteur principal n'exécuterait pas sa prestation et le contrat qui donne naissance à cette sûreté personnelle. Le contrat de cautionnement est un contrat par lequel une personne (la caution ou le « fidéjusseur ») promet au créancier d'exécuter les obligations du débiteur (le débiteur principal) si celui-ci n'effectue pas les prestations mises à sa charge[1].

b) C'est un contrat accessoire qui supporte une obligation principale à garantir.

11. Le cautionnement peut s'appliquer à toutes les obligations quel qu'en soit l'objet, même s'il s'agit d'une dette future (par exemple, le solde débiteur d'un compte courant). Le cautionnement ne peut exister que sur une obligation valable. Une obligation nulle ne peut être cautionnée. L'engagement de la caution ne peut excéder ce qui est dû par le débiteur, ni être contracté à des conditions plus onéreuses. Lorsque l'obligation de la caution dépasse, dans son montant et dans ses modalités, l'engagement du débiteur principal, le cautionnement n'est pas nul mais seulement réductible[2].

c) C'est un contrat unilatéral par lequel la caution s'engage expressément envers le créancier.
« Le cautionnement ne se présume point ; il doit être exprès et on ne peut pas l'étendre au-delà des limites dans lesquelles il a été contracté ». Le cautionnement est un acte grave ; il faut que l'engagement de la caution doive être établi de façon équivoque. La caution doit être capable de s'engager. Le cautionnement est contrat à titre gratuit. Le cautionnement peut être volontaire, c'est-à-dire résulter d'une convention, légal lorsque la loi oblige un débiteur à fournir caution (exemple l'usufruitier) ou judiciaire, c'est-à-dire imposé par le juge (par exemple en cas d'exécution provisoire)[3].
Lorsque le cautionnement est légal ou judiciaire, le débiteur obligé de fournir une caution doit en présenter une réunissant les qualités suivantes :
– être capable de contracter valablement ;
– être domiciliée dans le ressort de la Cour d'appel où elle doit être donnée ;
– avoir un bien suffisant pour répondre de l'objet de l'obligation (la solvabilité d'une caution ne s'estime, en principe, qu'eu égard à ses propriétés foncières).

Section 2. Effets du cautionnement

Les effets du cautionnement sont définis aux articles 23 à 35 de l'Acte uniforme portant organisation des sûretés. Ils varient selon que le cautionnement est simple ou solidaire.

---

[1] Article 13 AUDS.
[2] Article 14 de l'Acte uniforme.
[3] Articles 16-17 de l'Acte uniforme.

Paragraphe 1. Effets du cautionnement simple

a) Cas de la caution unique

12. *La caution contracte à l'égard du créancier un engagement personnel.* Elle s'oblige, sauf limitation conventionnelle, à payer toute la dette et peut donc être poursuivie pour la totalité. Mais il s'agit d'un engagement subsidiaire. Si la caution est tenue au paiement de la dette même du débiteur (principal et accessoire), elle peut opposer au créancier les moyens de défense inhérents à la dette (nullité absolue, prescription) qui auraient pu être invoqués par le débiteur principal. La caution jouit, à l'égard du créancier, d'un droit qui lui est propre : le *bénéfice de discussion.* À l'échéance, le créancier peut s'adresser directement à la caution pour obtenir le paiement. Mais, dans ce cas, la caution peut arrêter la poursuite en demandant au créancier d'essayer d'abord d'obtenir le paiement du débiteur principal en saisissant certains de ses biens. C'est ce qu'on appelle le « bénéfice de discussion ». « La caution qui requiert la discussion doit indiquer au créancier les biens du débiteur principal et avancer les deniers suffisants pour faire la discussion ». Si la discussion des biens du débiteur principal a procuré au créancier un paiement partiel, la caution se trouve libérée à concurrence de ce paiement.

« La caution qui a payé a son recours contre le débiteur principal »[4]. Pour obtenir le remboursement tant du principal que des intérêts et frais : la caution a deux actions :
– une action personnelle dérivant du mandat lorsqu'elle s'est engagée à la demande du débiteur principal ;
– une action résultant de la subrogation légale des droits et actions du créancier dont elle bénéficie, étant tenue « pour d'autres ».

b) Pluralité de cautions

13. « Lorsque plusieurs personnes se sont rendues cautions d'un même débiteur pour une dette, elles sont obligées chacune à toute la dette »[5]. Si le créancier demande le paiement intégral à l'une des cautions, celle-ci peut exiger que le créancier divise préalablement son action et la réduise à la part de chacun. C'est ce qu'on appelle le *bénéfice de division.* La caution qui a payé la dette intégrale sans invoquer le bénéfice de division « a un recours contre les autres cautions, chacune pour sa part et portion ». Elle dispose à l'encontre des autres cautions d'une double action :
– une action personnelle ;
– l'action du créancier payé dans les droits duquel elle se trouve subrogée.

[4] Article 32 de l'Acte uniforme.
[5] Article 34 de l'Acte uniforme.

Paragraphe 2. Effet du cautionnement solidaire

14. Pour renforcer la garantie accordée au créancier, celui-ci exige généralement que la caution s'engage solidairement avec le débiteur principal. La situation de la caution, solidaire dans ses rapports avec le créancier est assez proche de celle d'un codébiteur solidaire. Notamment elle ne peut opposer ni le *bénéfice de discussion*, ni le *bénéfice de division*. Dans les rapports entre la caution et le débiteur principal, la solidarité n'apporte aucune modification aux règles du cautionnement[6].

Section 3. Extinction du cautionnement

Ce sont les articles 36, 37 et 38 de l'Acte uniforme qui régissent l'extinction du cautionnement.

Paragraphe 1. Extinction de l'obligation de la caution en même temps que l'obligation principale

15. L'obligation de la caution étant accessoire, s'éteint en même temps que l'obligation qu'elle garantit[7].

Paragraphe 2. Extinction de l'obligation de la caution à titre principal

16. La caution est déchargée, lorsque la subrogation aux droits, hypothèques et privilège, du créancier, ne peut plus, par le fait de ce créancier, s'opérer en faveur de la caution.
Par exemple, en garantie du remboursement d'un emprunt un créancier a pris une hypothèque sur un immeuble du débiteur et a exigé en outre la caution solidaire d'un ami de ce débiteur. Croyant pouvoir être payé sans difficulté, le créancier néglige de renouveler l'inscription hypothécaire. À partir du moment où la caution ne peut plus compter sur les sûretés auxquelles elle pouvait être subrogée, elle se trouve déchargée de son engagement.

---

[6] Article 29 de l'Acte uniforme.
[7] Article 36 de l'Acte uniforme.

CHAPITRE 2. LES SÛRETÉS RÉELLES MOBILIÈRES

Section 1. Le gage

17. Le chapitre 4 du titre 2 de l'Acte uniforme portant organisation des sûretés du gage traité. Le contrat de gage est un contrat par lequel un débiteur pour affecter un meuble au paiement de sa dette, le remet à titre de garantie au créancier (ou à un tiers chargé de le conserver pour le compte du créancier). « Le gage confère au créancier le droit de se faire payer sur la chose qui en est l'objet par privilège et préférence aux autres créanciers ».

Paragraphe 1. Les conditions de formation du contrat de gage

Elles sont définies aux articles 93 à 98 de l'Acte uniforme.

a) Conditions de validité du contrat

18. Le droit de gage est conféré sur un meuble à titre de garantie d'une créance (accessoire de la créance). Il suppose donc au préalable l'existence d'une créance valable. Le gage est généralement fourni par le débiteur lui-même, mais un tiers pourrait affecter un bien de son patrimoine à la garantie de la dette d'autrui. Celui qui fournit le gage doit en être propriétaire. Il doit avoir la capacité de l'aliéner puisque, en cas de non-paiement de la dette garantie, le gage devra être vendu. Tous les meubles peuvent être donnés en gage. La remise d'une somme d'argent au créancier ou à un tiers à titre de garantie est un gage quoique cette opération soit souvent désignée improprement par le mot « cautionnement ». Peu importe que le meuble soit corporel ou incorporel. Le contrat de gage est un contrat réel. Il ne produit ses effets que par la remise de la chose au créancier ou à un tiers qui le conserve pour le compte du créancier. Lorsque le gage a pour objet un bien incorporel, la dépossession du débiteur s'opère par la remise au créancier du titre qui constate la créance ou tout autre droit incorporel[8].

La remise de la chose est une condition de validité du contrat, à défaut de laquelle le contrat est nul. « Dans tous les cas, le privilège ne subsiste sur le gage qu'autant que ce gage a été mis et est resté en la possession du créancier ou d'un tiers convenu entre les parties ». En principe, il ne suffit pas qu'il y ait remise du gage au moment de la formation du contrat, la dépossession du débiteur doit être continue et se poursuivre jusqu'à l'expiration du contrat.

[8] Articles 93 à 96 de l'Acte uniforme.

b) Conditions d'opposabilité aux tiers

19. Les conditions d'opposabilité du gage sont précisées à l'article 97 de l'Acte uniforme. La dépossession du débiteur est à la fois une condition de validité du contrat et un moyen de publicité du gage. Elle avertit les tiers qui traitent avec le débiteur qu'ils ne pourront compter sur cet élément du patrimoine de celui-ci pour obtenir leur paiement. Un acte écrit doit être établi pour que le créancier gagiste puisse se prévaloir de son droit de préférence à l'encontre des tiers. « Ce privilège n'a lieu qu'autant qu'il y a un acte public ou sous seing privé, dûment enregistré et contenant la déclaration de la somme due, ainsi que l'espèce et la nature des choses remises en gage ou un état annexé de leur qualité, poids et mesures ». Lorsque le gage a pour objet un meuble incorporel, il est nécessaire, en outre, que l'écrit constatant le contrat de gage soit signifié au débiteur comme en matière de cession de créance.

CHAPITRE 3. LES GARANTIE ET CONTRE-GARANTIE AUTONOMES

20. La garantie autonome est l'engagement par lequel le garant s'oblige, en considération d'une obligation souscrite par le donneur d'ordre et sur instructions de ce donneur d'ordre, à payer une somme déterminée au bénéficiaire, soit sur première demande de la part de ce dernier, soit selon des modalités convenues. La contre-garantie autonome est l'engagement par lequel le contre-garant s'oblige, en considération d'une obligation souscrite par le donneur d'ordre et sur instructions de ce donneur d'ordre, à payer une somme déterminée au garant, soit sur première demande de la part de ce dernier, soit selon des modalités convenues[9].

Section 1. La formation des garanties et contre-garanties autonomes

21. Les garanties et contre-garanties autonomes ne peuvent être souscrites par les personnes physiques sous peine de nullité. Elles créent des engagements autonomes, distincts des conventions, actes et faits susceptibles d'en constituer la base. Les garanties et contre-garanties autonomes ne se présument pas. Elles doivent être constatées par un écrit mentionnant, à peine de nullité :

- la dénomination de garantie ou de contre-garantie autonome ;
- le nom du donneur d'ordre ;
- le nom du bénéficiaire ;
- le nom du garant ou du contre-garant ;
- la convention de base, l'acte ou le fait, en considération desquels la garantie ou la contre-garantie autonome est émise ;
- le montant maximum de la garantie ou de la contre-garantie autonome ;
- la date ou le fait entraînant l'expiration de la garantie ;
- les conditions de la demande de paiement, s'il y a lieu ;
- l'impossibilité, pour le garant ou le contre-garant, de bénéficier des exceptions de la caution.

Section 2. Les effets des garanties et contre-garanties autonomes

22. Sauf clause ou convention contraire expresse, le droit à garantie du bénéficiaire n'est pas cessible. Toutefois, l'incessibilité du droit à garantie n'affecte pas le droit du bénéficiaire de céder tout montant auquel il, aurait

[9] Article 39 de l'Acte uniforme.

droit à la suite de la présentation d'une demande conforme au titre de la garantie. Les garantie et contre-garantie autonomes prennent effet à la date où elles sont émises sauf stipulation d'une prise d'effet à une date ultérieure. Les instructions du donneur d'ordre, la garantie et la contre-garantie autonomes sont irrévocables dans le cas d'une garantie ou d'une contre-garantie autonome à durée déterminée.

Les garanties ou contre-garanties autonomes à durée indéterminée peuvent être révoquées par le garant ou le contre-garant respectivement. Le garant et le contre-garant ne sont obligés qu'à concurrence de la somme stipulée dans la garantie ou la contre-garantie autonome, sous déduction des paiements antérieurs faits respectivement par le garant ou le contre-garant, conformément aux termes de leur engagement. Les garantie et contre-garantie autonomes peuvent stipuler que le montant de l'engagement sera réduit d'un montant déterminé ou déterminable à des dates précisées ou contre présentation au garant ou au contre-garant de documents indiqués à cette fin dans l'engagement[10].

La demande de paiement au titre de la garantie autonome doit résulter d'un écrit du bénéficiaire accompagné de tout autre document prévu dans la garantie. Cette demande doit indiquer le manquement reproché au donneur d'ordre dans l'exécution de l'obligation en considération de laquelle la garantie a été souscrite. La demande de paiement au titre de la contre-garantie autonome doit résulter d'un écrit du garant mentionnant que le garant a reçu une demande de paiement, émanant du bénéficiaire et conforme aux stipulations de la garantie.

Toute demande de paiement doit être conforme aux termes de la garantie ou de la contre-garantie autonome au titre de laquelle elle est effectuée et doit, sauf clause contraire, être présentée au lieu d'émission de la garantie autonome ou, en cas de contre-garantie, au lieu d'émission de la contre-garantie autonome. Le garant et le contre-garant disposent chacun de cinq jours ouvrés pour examiner la conformité de la demande en paiement aux termes de la garantie ou de la contre-garantie autonome. Ils ne peuvent rejeter la demande qu'à la condition de notifier au bénéficiaire ou, en cas de contre-garantie, au garant, au plus tard à l'expiration de ce délai, l'ensemble des irrégularités qui motivent ce rejet. Le garant doit transmettre une copie de la demande du bénéficiaire et tous documents accompagnant celle-ci au donneur d'ordre ou, en cas de contre-garantie, au contre-garant, à charge pour ce dernier de les transmettre au donneur d'ordre. Le garant doit aviser le donneur d'ordre ou, en cas de contre-garantie, le contre-garant, qui en avisera le donneur d'ordre, de toute réduction du montant de la garantie et de tout acte ou événement mettant fin à celle-ci, autre qu'une date de fin de validité[11].

---

[10] Articles 42 à 44 de l'Acte uniforme.

[11] Articles 45 et 46 de l'Acte uniforme.

Le donneur d'ordre ne peut faire défense de payer au garant que si la demande de paiement du bénéficiaire est manifestement abusive ou frauduleuse. Le contre-garant dispose à l'encontre du garant de la même faculté dans les mêmes conditions. Le donneur d'ordre ne peut faire défense de payer au contre-garant que si le garant savait ou aurait dû savoir que la demande de paiement du bénéficiaire avait un caractère manifestement abusif ou frauduleux. Le garant ou le contre-garant qui a fait un paiement conformément aux termes de la garantie ou de la contre-garantie autonome dispose des mêmes recours que la caution contre le donneur d'ordre.
La garantie ou la contre-garantie autonome cesse :
– soit au jour calendaire spécifié ou à l'expiration du délai prévu ;
– soit à la présentation au garant ou au contre-garant des documents libératoires spécifiés dans la garantie ou la contre-garantie autonome ;
– soit sur déclaration écrite du bénéficiaire libérant le garant de son obligation au titre de la garantie autonome ou déclaration écrite du garant libérant le contre-garant de son obligation au titre de la contre-garantie autonome[12].

Section 3. Effets du contrat de gage

22. L'Acte uniforme portant organisation des sûretés traite des effets du gage en ses articles 99 à 115. Le contrat de gage fait naître au profit du créancier gagiste un certain nombre de droits et met à sa charge quelques obligations.

Paragraphe 1. Droits du créancier gagiste

– Droit de rétention : le créancier étant en possession du meuble fourni en garantie peut refuser de s'en dessaisir tant que la dette n'a pas été intégralement acquittée, en principal, intérêts et frais. Ce droit est indivisible ; par exemple, si l'un des héritiers du débiteur a payé la fraction de la dette mise à sa charge, il ne peut demander la restitution de sa portion dans le gage tant que les autres héritiers n'ont pas payé intégralement leur part de la dette. Le créancier gagiste peut opposer son droit de rétention aux tiers, notamment à son acquéreur à qui le débiteur aurait vendu le bien mis en gage.
– Droit de faire vendre la chose gagée ou de s'en faire attribuer la propriété[13] : à défaut de paiement, le créancier gagiste ne peut disposer du bien qui lui a été remis en garantie. Il est tenu de s'adresser au tribunal pour lui demander d'ordonner, soit que l'objet sera vendu aux enchères publiques (est nulle toute clause qui autoriserait le créancier à vendre le gage à l'amiable et à se payer sur le prix), soit que l'objet lui sera attribué en paiement à due concurrence du montant de sa créance et sur estimation faite

[12] Articles 47 à 48 de l'Acte uniforme.
[13] Articles 104 et 105 de l'Acte uniforme.

par experts (est nulle la clause en vertu de laquelle le créancier non payé deviendrait de plein droit propriétaire de la chose mise en gage).
– Droit de préférence sur le prix : lorsque le meuble est vendu aux enchères publiques, le créancier jouit d'un droit de préférence sur le prix ainsi obtenu.

Paragraphe 2. Obligations du créancier gagiste

23. Le créancier gagiste doit veiller sur la chose remise en garantie en bon père de famille. Notamment, le créancier doit faire les dépenses utiles et nécessaires pour la conservation du gage, dépenses que le débiteur sera tenu de lui rembourser. Le créancier gagiste ne peut se servir pour son usage personnel de la chose mise en gage. S'il le fait, le débiteur peut l'obliger à restituer le gage. Lorsque la dette a été totalement payée (intérêts et frais), le créancier doit restituer le gage à son propriétaire.

Section 4. Le gage sans dépossession

24. Il est défini à l'article 102 de l'Acte uniforme. La dépossession des biens affectés au gage est particulièrement gênante lorsqu'il s'agit de choses dont le débiteur a besoin pour l'exercice de son activité professionnelle. Aussi le législateur permet-il, dans quelques cas, au débiteur d'affecter certains de ses biens à la garantie de ses créanciers tout en gardant la détention effective. La plupart des gages sans dépossession sont du domaine du droit commercial. En droit civil, nous ne retiendrons que le warrant agricole et le nantissement des automobiles.

Paragraphe 1. Le gage de stocks

25. L'article 120 de l'Acte uniforme énumère dans la catégorie des stocks : les matières, les produits d'une exploitation agricole ou industrielle, les marchandises. Mais en pratique l'agriculteur peut, sans être obligé de s'en dessaisir, donner en gage les éléments mobiliers de son exploitation (récoltes, bétail, matériel). Pour ce faire, les parties établissent un acte sous seing privé ou notarié, appelé, bordereau, remis au débiteur, après inscription au Registre du commerce et du crédit mobilier, contenant la mention « gage de stock », et qui est transmissible par voie d'endossement. Pour être opposable aux tiers, le bordereau doit être transcrit sur un registre spécial tenu par le greffier du tribunal de commerce dans le ressort duquel l'emprunteur est domicilié. Le porteur du bordereau bénéficie des droits suivants :
– il peut s'opposer à la livraison des choses gagées si elles ont été vendues par le débiteur ;
– en cas de non-paiement à l'échéance, il peut, 15 jours après la mise en demeure du débiteur, faire procéder à la vente publique des éléments donnés en gage ;

– il est payé sur le prix de vente par privilège et préférence à tous créanciers[14].

[14] Article 104 de l'Acte uniforme.

DEUXIÈME PARTIE. LES PRIVILÈGES

Section 1. Nantissement des véhicules automobiles

26. Il est régi par les articles 118 et 119 de l'Acte uniforme. En effet, afin de faciliter la vente à crédit des véhicules automobiles, le législateur de l'Ohada donne aux vendeurs à crédit et aux prêteurs qui pourraient leur être substitués, un droit de gage sur les véhicules vendus afin de garantir le paiement des sommes restant dues sur le prix. La réglementation s'applique à « l'achat de véhicules automobiles, de tracteurs agricoles, de cycles à moteur et remorques tractées ou semi-portées assujettis à la déclaration de mise en circulation et à l'immatriculation »[15].

La constitution du gage est liée à l'opération de vente. Le gage doit être constitué par acte sous seing privé dûment enregistré et inscrit au Registre du commerce et du crédit mobilier et copie tenue par la préfecture qui a délivré la « carte grise » du véhicule. Par cette inscription, le créancier est réputé avoir conservé la possession du véhicule. Le créancier gagiste a le droit de suite et le droit de préférence. En raison de son droit de suite, il peut saisir le véhicule en quelques mains qu'il se trouve. En cas de non-paiement, la réalisation du gage s'effectue par vente publique huit jours après une signification demeurée infructueuse. Le créancier gagiste est payé sur le prix obtenu par préférence aux créanciers non privilégiés.

Section 2. Le nantissement du fonds de commerce et privilège du vendeur du fonds de commerce

Paragraphe 1. Nantissement du fonds de commerce

27. Les articles 162 à 169 de l'Acte uniforme portant organisation des sûretés traitent du nantissement du fonds de commerce et privilèges du vendeur de fonds de commerce.

[15] Articles 118 et 119 de l'Acte uniforme.

Et pour produire son effet translatif et être opposable aux tiers, la vente doit être inscrite au Registre du commerce et du crédit mobilier à la demande de l'acquéreur immatriculé et dans le respect des conditions prévues par l'Acte uniforme relatif en droit commercial général. Le nantissement du fonds de commerce est la convention par laquelle le constituant affecte en garantie d'une obligation, les éléments incorporels du fonds de commerce tels que le droit au bail commercial, les licences d'exploitation, les brevets d'invention, marques de fabrique et de commerce, dessins et modèles et autres droits de la propriété intellectuelle. Il peut également être étendu au matériel professionnel.

Définition

28. « Le privilège est un droit que la qualité de la créance donne à un créancier d'être préféré aux autres créanciers même hypothécaires » (article 2095 du Code civil). Ce texte met en évidence trois traits caractéristiques du privilège.

1. Le privilège est toujours une sûreté légale. Étant une faveur accordée par la loi, le privilège ne peut exister qu'autant qu'il a formellement été créé par le législateur : « pas de privilège sans texte ».
2. Pour attribuer un privilège, le législateur tient compte, non de la personne du créancier, mais de la nature ou de la qualité de la créance.
3. Les créanciers privilégiés sont payés par priorité, avant tous les autres, sur le prix des biens grevés du privilège. Les créances privilégiées bénéficiant d'un droit de préférence particulièrement efficace puisqu'elles priment non seulement les créances hypothécaires.

Si nous envisageons les biens sur lesquels portent les privilèges, il faut distinguer les privilèges généraux et les privilèges spéciaux : les privilèges généraux portent, en principe sur l'ensemble des biens du fonds de commerce du débiteur, les privilèges spéciaux ne portent que sur certains meubles (privilèges spéciaux mobiliers) ou sur certains immeubles du fonds de commerce (privilèges spéciaux immobiliers) du débiteur.

CHAPITRE 1. PRIVILÈGES GÉNÉRAUX SUR MEUBLES ET IMMEUBLES

29. Ces privilèges portent sur la généralité des meubles qui composent le fonds de commerce du débiteur et, en cas d'insuffisance du mobilier, sur tous ses immeubles.

Section 1. Privilèges pour frais de justice

30. Ce privilège protège les frais engagés par les créanciers pour conserver le fonds de commerce du débiteur, le faire vendre et s'en partager le prix : frais d'opposition de scellés, d'inventaire, de saisie.

Section 2. Privilège des salaires

31. Le privilège garantit :

– les rémunérations des « gens de service » (employés du fonds de commerce, commis agricoles…) pour l'année échue et l'année courante ;
– les rémunérations des salariés et apprentis pour les six derniers mois ;
– les indemnités pour délai-congé, pour rupture abusive du contrat de travail, pour congés payés, de licenciement…

32. En cas de règlement judiciaire ou de liquidation des biens du débiteur, les salariés bénéficient d'un super privilège qui renforce le privilège général en prenant pour base les rémunérations de toute nature dues aux salariés et apprentis pour les soixante derniers jours.

Paragraphe 1. Le nantissement des droits de propriété intellectuelle

33. Ce nantissement est régi par les articles 156 à 161 de l'Acte uniforme. C'est une convention par laquelle le constituant affecte en garantie d'une obligation tout ou partie de ses droits de propriété intellectuelle existants ou futurs, tels que des brevets d'invention, des marques de fabrique et de commerce, des dessins et modèles. Le nantissement de droit de propriété intellectuelle ne s'étend pas, sauf convention contraire des parties, aux accessoires et aux fruits résultant de l'exploitation du droit de propriété intellectuelle, objet du nantissement. Les auteurs, compositeurs et artistes bénéficient d'un privilège de même rang que le privilège des salariés. Il garantit le paiement des redevances qui leur sont dues pour trois dernières années à l'occasion de l'exploitation ou de l'utilisation de leurs œuvres.

CHAPITRE 2. LES PRIVILÈGES GÉNÉRAUX MOBILIERS

Section 1. Les privilèges généraux

34. Ce sont dans l'ordre de la loi ; les frais de justice, les frais funéraires, les frais de dernière maladie, les frais de nourrice, les salaires, droit d'auteur et créances de la sécurité sociale, les créances des enfants hospitalisés, les fournitures de subsistances faites au débiteur et à sa famille, les produits livrés par un producteur agricole dans le cadre d'un accord interprofessionnel à long terme homologué, les indemnités aux victimes d'accidents de travail, les créances relatives aux allocations familiales et un certain nombre de privilèges accordés au Trésor (certains privilèges du Trésor s'exerçant avant tout autre et à l'exception des frais de justice, c'est notamment le cas pour les impôts directs). Avant l'Acte uniforme, les privilèges généraux portaient sur tous les meubles et, en cas d'insuffisance, sur tous les immeubles du débiteur. Depuis cette date, ils ne portent que sur les meubles, sauf les privilèges pour frais de justice, ceux des salaires et ceux des droits dus aux auteurs, artistes et compositeurs. Tous les autres privilèges généraux en tant qu'ils frappaient les immeubles ont été transformés en hypothèque légale, ne prenant rang que du jour de l'inscription.
Ces privilèges s'exercent sur l'ensemble des meubles du débiteur avec toutefois la possibilité pour les titulaires de ces privilèges de prendre hypothèque sur les immeubles de leur débiteur.

Section 2. Privilèges généraux mobiliers de l'article 180 de l'Acte uniforme

35. L'article 180 de l'Acte uniforme énumère les privilèges généraux et indique l'ordre dans lequel ils doivent s'exercer.

L'ordre de classement est le suivant :

1. Frais de justice
2. Frais funéraires
3. Frais de dernière maladie
4. Salaires et accessoires
5. Fournitures et subsistance
6. Indemnisation des victimes d'accidents du travail

7. Allocations familiales et cotisations aux caisses d'allocations familiales.

Le privilège des frais funéraires concerne les frais nécessités par les obsèques du débiteur ou des personnes à sa charge. Le privilège des frais de dernière maladie concerné. La maladie survenue au débiteur avant son insolvabilité. Le privilège garantit les honoraires du médecin, les notes du pharmacien, les frais de séjour dans un établissement hospitalier. Enfin en ce qui concerne le privilège des fournisseurs de subsistance, la loi veut que toute personne ne puisse se procurer ce qui est nécessaire à sa subsistance et que les fournisseurs soient incités à faire crédit. Le privilège garantit les créances pour les denrées alimentaires, le chauffage et l'éclairage, mais non pour le vêtement et le logement.

Section 3. Les privilèges généraux résultant de textes non incorporés à l'article 180 de l'Acte uniforme

36. Nous ne retiendrons que les plus importants en pratique :

1. Le privilège du Trésor public : en vue de garantir le paiement de l'impôt (impôt direct, taxes et majorations accessoires), le Trésor public dispose :
– d'un privilège général qui s'exerce avant tout autre pendant une période de deux ans à compter de la mise en recouvrement du rôle, sur les meubles et effets mobiliers appartenant au contribuable, en quelque lieu qu'ils se trouvent ;
– d'une hypothèque légale sur les immeubles du contribuable qui prend rang à la date de son inscription. Elle ne peut être inscrite qu'à partir du moment où l'intéressé a encouru une majoration ou pénalité pour défaut de paiement.

Section 4. Le privilège de la sécurité sociale

37. Le paiement des cotisations de sécurité sociale (à l'exclusion des majorations de retard) est garanti par un privilège portant sur les meubles du débiteur. Le privilège prend rang concurremment avec celui des salariés. La durée du privilège est d'un an à compter de la date d'exigibilité des cotisations.

CHAPITRE 3. LES PRIVILÈGES SPÉCIAUX

38. Ils sont régis par les articles 182 à 188 de l'Acte uniforme. À la différence des privilèges généraux qui portent sur l'ensemble des biens (meubles ou meubles et immeubles) du débiteur, les privilèges spéciaux ne portent que sur certains biens déterminés.

Section 1. Les privilèges spéciaux mobiliers

39. Ce sont : le privilège du bailleur d'immeuble pour la garantie du paiement des loyers et fermages et autres obligations du preneur sur les meubles apportés par le locataire dans les lieux loués et, s'il s'agit d'un immeuble rural, sur le prix de la récolte de l'année ; le privilège des copropriétaires par appartement sur les meubles garnissant l'appartenant d'un copropriétaire débiteur : le privilège des aubergistes sur les effets des voyageurs ; le privilège du transporteur et du commissionnaire de transport sur les objets transportés ; le privilège du vendeur de meubles au comptant ou à terme, sur le meuble vendu pour la garantie du prix, des intérêts et des frais ; le privilège du conservateur d'un meuble pour toutes les dépenses qui ont empêché la disparition ou la dégradation du meuble ; le privilège de la victime d'un dommage sur l'indemnité d'assurance due par l'auteur responsable. Le législateur n'ayant pas fixé le rang des privilèges spéciaux mobiliers, il faut, pour opérer un classement, recourir à une recherche de leur fondement : passent au premier rang les privilèges fondés sur l'idée de gage, puis au deuxième rang, ceux qui sont fondés sur l'idée de conservation ; enfin, au troisième rang, ceux qui sont fondés sur l'idée d'entrée d'un bien nouveau dans le patrimoine.

40. Les motifs qui ont incité le législateur à reconnaître au créancier du droit privilégié varient selon les cas. On peut classer les privilèges spéciaux en trois catégories.

Paragraphe 1. Les privilèges tenant à une constitution de gage tacite

41. Le débiteur est censé avoir donné tacitement à son créancier certains de ses biens meubles en garantie. Ainsi s'expliquent :
– le privilège du bailleur d'immeuble sur les meubles apportés par le preneur dans les lieux loués[16] ;
– le privilège de l'aubergiste sur les effets du voyageur ;

[16] Article 184 de l'Acte uniforme.

– le privilège du voiturier sur la chose transportée.
Tout bailleur d'immeubles, qu'il s'agisse de locaux d'habitation, de locaux commerciaux ou d'immeubles agricoles, bénéficie, sur les meubles garnissant les lieux loués, d'un privilège garantissant le paiement des loyers (ou fermage) et, d'une manière générale, de tout ce qui concerne l'exécution du bail (par exemple, les réparations locatives). Le privilège donne au bailleur le droit de saisir les meubles (sauf ceux qui sont indispensables aux locataires), de les vendre et de se payer par préférence sur le prix. Pour protéger le bailleur contre le risque d'un détournement de son gage, le législateur met à sa disposition deux moyens de défense :
– le droit de recourir à la « saisie-gagerie » ;
– la possibilité de revendiquer les meubles garnissant les lieux loués qui ont été déplacés sans le consentement du bailleur, même s'ils se trouvent entre les mains d'un tiers acquéreur de bonne foi (cette revendication doit être exercée dans les 15 jours pour les baux urbains et dans les 40 jours pour les baux ruraux).
En ce qui concerne le privilège de l'aubergiste, il a un privilège sur les effets du voyageur qui ont été transportés dans son hôtel, pour garantir le paiement des frais de logement et de nourriture du voyageur. Le transporteur a un droit de préférence sur le prix des marchandises transportées pour le paiement du prix du transport et de ses accessoires.

Paragraphe 2. Le privilège tenant à la conservation de la chose

42. En engageant des frais pour la conservation d'un meuble du débiteur, le créancier à, par là même, protéger le gage général des autres créanciers. Il est donc normal qu'il ait un droit de priorité sur le prix du bien dont il a empêché la disparition ou la dégradation. La créance des « frais faits pour la conservation de la chose » est privilégiée. Il s'agit de toutes les dépenses faites pour empêcher que le meuble ne périsse ou ne dépérisse. Le réparateur automobile, le vétérinaire, l'ébéniste peuvent faire jouer ce privilège en leur faveur. Le conservateur dispose d'abord de son droit de rétention ; il pourra ensuite faire vendre la chose retenue pour se faire payer par préférence sur le prix du meuble conservé. S'il est dessaisi de la chose sans être payé, il pourra la faire saisir entre les mains de son débiteur, mais il n'a aucun droit de suite si la chose a été vendue à un tiers.

Paragraphe 3. Les privilèges tenant à la mise par le créancier d'une valeur dans le patrimoine du débiteur

43. L'Acte uniforme donne à tout vendeur de meubles non payé un certain nombre de garanties contre l'insolvabilité de l'acheteur :
– un droit de rétention : droit de refuser la livraison quand la vente est faite au comptant ;

– un privilège : droit de se faire payer sur le prix du bien vendu avant tous les autres créanciers de l'acheteur ;
– un droit de revendication de l'objet vendu en cas de vente au comptant ;
– une action en résolution du contrat pour inexécution de l'obligation de l'acheteur.
Le prix d'effets mobiliers non payé, s'ils sont encore en la possession du débiteur, soit qu'il ait acheté à terme ou sans terme », l'Acte uniforme visant les « effets mobiliers », le privilège s'applique à tous les meubles qu'ils soient corporels ou incorporels tels que les créances et les fonds de commerce.

Le privilège du vendeur de meubles étant un privilège spécial, il porte seulement sur le meuble vendu. Le vendeur non payé n'a pas le droit de suite, le privilège s'éteint si l'acheteur a aliéné la chose achetée, si la chose a été perdue ou détruite ou en cas de transformation matérielle de la chose vendue (par exemple, si l'acheteur de raisins en a fait du vin). L'Acte uniforme accorde un droit de revendication au vendeur au comptant. « Si la vente a été faite sans terme, le vendeur peut même revendiquer ces effets tant qu'ils sont en la possession de l'acheteur, et en empêcher la revente pourvu que la revendication soit faite dans la huitaine de la livraison et que les effets se trouvent dans le même état dans lequel cette livraison a été faite. » La revendication permet au vendeur de retrouver la possession des meubles vendus. Il peut ainsi exercer son droit de rétention sur ceux-ci et refuser de s'en dessaisir jusqu'au versement du prix.

Section 2. Les privilèges spéciaux immobiliers

44. Les privilèges spéciaux sur immeubles sont de véritables hypothèques légales jouissant d'un rang de faveur dans la mesure où ils priment certaines hypothèques inscrites avant eux. La condition essentielle pour bénéficier d'un droit privilégié est que le créancier ait publié son privilège par une inscription au bureau des hypothèques dans le délai légal. Si le privilège est inscrit hors délai, il se transforme en hypothèque simple et prend rang à la date de son inscription.

45. Ils sont au nombre de quatre. Ce sont les privilèges du vendeur d'immeuble, qui garantissent la créance du prix de vente, y compris les intérêts et charges accessoires (frais d'actes et de transcriptions), et portent sur l'immeuble : le privilège des copartageants, qui garantit les créances que ceux-ci possèdent les uns contre les autres en cette qualité depuis les opérations de partage (soultes, retours de lots, etc.), et qui porte sur les immeubles de la succession : le privilège des architectes, entrepreneurs, maçons et autres ouvriers sur la plus-value donnée par eux à l'immeuble construit ou réparé, et qui porte sur l'immeuble.

Enfin, en droit civil dont l'aspect est inhérent à la compréhension de la matière, le privilège dont jouissent les créanciers de la succession et les légataires sur les immeubles de la succession par préférence aux créanciers personnels de l'héritier lorsqu'ils ont demandé la séparation des patrimoines. Les privilèges spéciaux immobiliers sont de véritables hypothèques privilégiées qui doivent donner lieu à une inscription à la conservation des hypothèques.

Les créanciers qu'ils garantissent ont le droit de saisir l'immeuble, en quelque main qu'il se trouve, et d'être payés sur le prix par préférence à toutes les autres hypothèques qui grèvent cet immeuble.

Paragraphe 1. Le privilège du vendeur d'immeuble

46. La loi donne au vendeur d'immeuble qui n'a pas reçu la totalité du prix, trois garanties contre l'insolvabilité de son acheteur :
– le droit de détention si la vente est faite au comptant ;
– un privilège sur l'immeuble vendu ;
– le droit de demander la résolution du contrat.
Le privilège prend naissance toutes les fois qu'il y a vente d'un immeuble, ou d'un droit immobilier (vente d'un usufruit, par exemple).
Le privilège porte sur l'immeuble vendu, mais s'étend à toutes les améliorations qui ont pu y être faites depuis la vente. Il garantit la créance du prix (prix principal et charges accessoires). Si l'inscription est prise dans le délai de deux mois à compter de la vente, le privilège prend rang à la date de la vente et prime donc toutes les hypothèques qui pourraient être prises du chef de l'acquéreur.

Paragraphe 2. Le privilège du copartageant

47. Les créanciers privilégiés sur les immeubles sont :

Les cohéritiers, sur les immeubles de la succession, pour la garantie des partages faits entre eux et des soultes ou retours de lots ». Le privilège garantit toutes les créances nées par l'effet du partage ou d'un acte équivalent (cession de « droits successifs », vente aux enchères d'un bien indivis…). Le privilège porte sur les immeubles de la succession mis dans le lot des copartageants qui restent débiteurs envers les autres. Si l'inscription est prise dans les deux mois à compter de l'acte de partage, le privilège prend rang au jour du partage et prime toutes les hypothèques inscrites par les créanciers du copartageant débiteur.

Paragraphe 3. Le privilège des architectes et entrepreneurs

48. « Les architectes, entrepreneurs, maçons et autres ouvriers employés pour édifier, reconstruire ou réparer des bâtiments et autres ouvrages quelconques », bénéficient d'un privilège garantissant toutes les sommes dues par le propriétaire pour l'exécution de ces travaux.

La publicité du privilège nécessite une double inscription au bureau des hypothèques : d'une part, du procès-verbal constatant l'état primitif des lieux ; d'autre part, du procès-verbal de réception établi après l'achèvement des travaux. Le privilège donne au créancier qui en bénéficie un droit de préférence sur la plus-value (différence entre la valeur de l'immeuble d'après le premier procès-verbal et celle acquise à la réception) produite par les travaux effectués.

CHAPITRE 4. CLASSEMENT DES PRIVILÈGES

49. Il faut, lorsque plusieurs créanciers se présentent concurremment pour être payés sur le prix des biens du débiteur, déterminer le rang de chacun.

Section 1. Les conflits concernant les immeubles

Pour la distribution du prix des immeubles, des conflits peuvent se produire entre créanciers privilégiés ou entre créanciers privilégiés et créanciers hypothécaires.

Paragraphe 1. Les conflits entre créanciers privilégiés

50. Les privilèges généraux sur meubles et immeubles s'exercent toujours sur les immeubles avant les privilèges généraux mobiliers ayant fait l'objet d'une inscription d'hypothèque quelle que soit la date de cette inscription. Entre les trois privilégiés généraux sur meubles et immeubles, l'ordre est le suivant :
1) super privilège des salariés ;
2) privilège des frais de justice ;
3) privilège des salariés.

Les privilèges généraux sur meubles et immeubles priment les privilèges spéciaux immobiliers. S'il s'agit de créanciers ayant le même privilège spécial, par exemple le privilège du vendeur, l'Acte uniforme nous donne l'ordre de préférence dans son article 225 : « S'il y a plusieurs ventes successives dont le prix soit dû en tout ou en partie, le premier vendeur est préféré au second, le deuxième au troisième, et ainsi de suite ». En cas de conflit entre privilèges différents, par exemple, entre privilège du vendeur et privilège du copartageant, c'est le privilège né de l'opération la première en date qui est préféré.

a) Les conflits entre privilèges spéciaux et hypothèques

51. Le privilège ne prime les hypothèques que s'il est inscrit dans le délai de deux mois, auquel cas l'inscription a un effet rétroactif jusqu'à l'évènement qui lui a donné naissance : vente ou partage. Durant le délai de deux mois, le privilège est opposable aux créanciers hypothécaires de l'acquéreur, même s'ils ont pris inscription avant l'inscription du privilège.

Section 2. Les conflits concernant les meubles

– Conflits entre privilèges généraux :

52. L'article 226 de l'Acte uniforme fixe l'ordre dans lequel doivent s'exercer les privilèges généraux :

1. le super privilège des salariés ;
2. le privilège des frais de justice ;
3. les privilèges du Trésor public ;
4. le privilège des frais funéraires ;
5. le privilège des frais de dernière maladie.

b) Concurremment le privilège des salariés, le privilège des auteurs et artistes et le privilège des cotisations de sécurité sociale.

– Conflits entre privilégiés spéciaux mobiliers. Pour déterminer le rang des privilèges spéciaux portant sur le même meuble, il faut distinguer selon le fondement juridique du privilège. L'ordre retenu est le suivant :

1. privilèges fondés sur la constitution d'un gage tacite ;
2. privilèges résultant de la conservation de la chose grevée ;
3. privilèges résultant de la mise d'une valeur dans le patrimoine du débiteur.

– Conflits entre privilèges généraux et privilèges spéciaux. On admet généralement que les privilèges spéciaux mobiliers priment les privilèges généraux à l'exception du super privilège des salaires, du privilège des frais de justice et de la plupart des privilèges généraux du Trésor public.

TROISIÈME PARTIE. LES HYPOTHÈQUES

53. L'hypothèque est un droit réel, accessoire et indivisible, dont peuvent être grevés les immeubles, les navires et les aéronefs pour garantir le paiement d'une obligation. L'hypothèque n'est qu'un droit accessoire qui ne se comprend pas sans une créance dont elle doit assurer le paiement. Si la créance garantie par l'hypothèque est cédée, l'hypothèque l'est en même temps. De même l'hypothèque prend fin automatiquement lorsque la créance est annulée ou éteinte.

54. Les hypothèques sont régies par le titre III de l'Acte uniforme. Le créancier qui veut se garantir contre l'insolvabilité de son débiteur peut se faire consentir une sûreté sur les immeubles de ce dernier. Cette sûreté réelle immobilière s'appelle l'hypothèque. Contrairement à l'antichrèse (nantissement immobilier) qui nécessite la dépossession du débiteur, l'hypothèque n'entraîne pas le dessaisissement de ce dernier. L'immeuble hypothéqué reste entre les mains de son propriétaire, et celui-ci peut en disposer (le vendre, le louer, le donner, consentir d'autres hypothèques…). Les tiers qui vont ainsi acquérir les droits réels sur l'immeuble risquent de se trouver en conflit avec le créancier hypothécaire.
L'article 190 de l'Acte uniforme portant organisation des sûretés donne la définition suivante de l'hypothèque : L'hypothèque est l'affectation d'un immeuble déterminé ou déterminable appartenant au constituant en garantie d'une ou plusieurs créances, présentes ou futures à condition qu'elles soient déterminées ou déterminables. « L'hypothèque est un droit réel sur les immeubles affectés à l'acquittement d'une obligation. Elle est, de sa nature, sur chacun et sur chaque portion de ces immeubles. Elle les suit dans quelques mains qu'ils passent. »

CHAPITRE 1. CARACTÈRES GÉNÉRAUX DE L'HYPOTHÈQUE

55. L'hypothèque est un droit réel accessoire. Elle établit un lien direct entre l'immeuble affecté à la garantie de la créance et le titulaire de cette créance. L'hypothèque est un droit accessoire qui est lié à la créance dont elle doit assurer le paiement. Elle reste étroitement attachée à cette créance. Elle est cédée en même temps qu'elle prend fin automatiquement lorsqu'elle est éteinte par paiement ou autrement. L'hypothèque est un droit indivisible. L'immeuble en son entier et chacune de ses parties répondent de l'acquittement intégral de la dette. Si l'immeuble vient à être partagé entre plusieurs héritiers, chaque lot répond de la dette entière. Si la dette est payée partiellement, l'immeuble tout entier reste grevé d'hypothèques pour assurer le paiement du solde de la dette.

Section 1. Les biens susceptibles d'hypothèque

56. « Sont seuls susceptibles d'hypothèque :

1°) les biens immobiliers qui sont dans le commerce, et leurs accessoires réputés immeubles ;
2°) l'usufruit des mêmes biens et accessoires pendant le temps de sa durée ».
Tous les *immeubles par nature*, à l'exception de ceux qui ne peuvent être aliénés (immeubles du domaine public de l'État et des collectivités locales notamment), sont aptes à être hypothéqués. Les *immeubles accessoires* (immeubles par destination, servitudes…) ne peuvent être hypothéqués séparément de l'immeuble principal auquel ils demeurent attachés. En principe, les *meubles* ne peuvent être hypothéqués, c'est ce qu'exprime l'article 2119 du Code civil : « Les meubles n'ont pas de suite par hypothèque ».

Section 2. L'assiette de l'hypothèque

57. Précisons tout d'abord que le terme « assiette » indique quels sont les biens sur lesquels est « assise l'hypothèque », quels sont les biens qui constituent la garantie du créancier hypothécaire. Il faut distinguer selon qu'il s'agit d'une hypothèque spéciale ou d'une hypothèque générale. En principe, l'hypothèque est spéciale. Elle ne frappe que les immeubles dont la nature et la situation ont été individuellement précisées. La spécialité de l'hypothèque quant à son assiette est renforcée par la spécialité de l'inscription. L'hypothèque générale porte sur les immeubles présents et à venir du débiteur. Ces hypothèques générales sont dangereuses car elles épuisent d'un seul coup tout le crédit du débiteur. Mais cet inconvénient se trouve atténué par la règle de la spécialité de l'inscription qui oblige à prendre inscription sur chaque immeuble qui entre dans le patrimoine du débiteur.

Section 3. Les différentes sortes d'hypothèques

58. Il y a *hypothèque générale* lorsqu'elle grève tous les immeubles présents et futurs du constituant ; il y a *hypothèque spéciale* si elle ne frappe que ceux des immeubles présents individuellement désignés. L'hypothèque générale est exceptionnelle. L'hypothèque peut encore être simple ou privilégiée, les hypothèques privilégiées primant les hypothèques simples. Enfin, l'hypothèque peut être, de source conventionnelle, légale ou judiciaire.

Paragraphe 1. Les hypothèques conventionnelles

59. Ce sont les articles 203 à 208 de l'Acte uniforme qui traitent des hypothèques conventionnelles. L'hypothèque est conventionnelle lorsqu'elle résulte d'une convention conclue entre le créancier qui obtient une sûreté réelle et le constituant qui la concède sur un de ses biens. En règle générale, le constituant est le débiteur ; mais un tiers peut constituer hypothèque sur l'un de ses biens pour garantir la dette d'autrui.

60. C'est l'hypothèque qu'un propriétaire d'immeuble assure par contrat à son créancier pour garantir le paiement de la créance de ce dernier. Le contrat hypothécaire est solennel et doit être passé en la forme authentique devant un notaire, qui précise dans l'acte (rédigé en minute ou en brevet) le montant de la créance garantie et les immeubles affectés à l'hypothèque. Sont cependant susceptibles de constituer hypothèque en dehors de l'intervention d'un notaire certains actes administratifs passés au nom de l'État. Les hypothèques mobilières (navires, aéronefs) peuvent ne pas être notariées. La jurisprudence reconnaît effet à la simple promesse d'hypothèque, le promettant refusant de comparaître devant le notaire pouvant être tenu à des dommages-intérêts. Il n'est pas nécessaire que le constituant soit le débiteur de la créance garantie : toute personne peut affecter son immeuble en garantie de la dette d'autrui, constituant ainsi une caution réelle. En revanche, le constituant devra être propriétaire du bien hypothéqué, l'hypothèque de la chose d'autrui étant nulle. Toute hypothèque sur les aéronefs peut, sous certaines conditions, grever dans un seul et même acte tout ou partie de la flotte aérienne d'un même propriétaire.

a) Les conditions de fond

« Les hypothèques conventionnelles ne peuvent être consenties que par ceux qui ont la capacité d'aliéner les immeubles qu'ils y soumettent ». Le constituant doit être propriétaire du bien qu'il grève d'hypothèque[17].

b) Les conditions de forme

61. Ces conditions sont déterminées à l'article 205 de l'Acte uniforme. Le contrat d'hypothèque est un contrat solennel. Il ne peut être consenti que par un acte passé en forme authentique. Lorsque les formalités n'ont pas été accomplies, le contrat est nul, de nullité absolue. Deux raisons importantes expliquent l'intervention du notaire : le constituant doit être exactement informé de la gravité de l'acte qu'il passe et le créancier, s'il n'est pas payé à l'échéance, pourra bénéficier d'un titre exécutoire lui permettant de saisir et de faire vendre l'immeuble sans avoir besoin d'obtenir un jugement de condamnation.

c) La spécialité de l'hypothèque conventionnelle

62. L'hypothèque conventionnelle doit être spéciale quant à la créance garantie et quant aux biens hypothéqués. Dans l'acte constitutif d'hypothèque, il y a lieu d'individualiser la créance pour laquelle l'hypothèque est consentie, c'est-à-dire en indiquer la cause et en énoncer le montant, il doit désigner aussi individuellement les biens donnés en garanties : nature, contenance, désignation cadastrale…

Paragraphe 2. Les hypothèques légales

63. L'hypothèque légale est accordée à certains créanciers jugés dignes d'intérêt, notamment les époux (sur les immeubles du conjoint) et les mineurs et majeurs protégés (sur les immeubles du tuteur). L'hypothèque légale ne peut plus rester occulte, elle doit être inscrite et ne prend rang que du jour de l'inscription. Si l'hypothèque légale reste générale dans le principe, l'inscription est toujours spéciale ; le bénéficiaire de l'hypothèque générale doit donc procéder à l'inscription sur chaque immeuble appartenant à l'autre époux ou tuteur.

64. Le législateur accorde à certains créanciers une hypothèque générale (portant sur tous les immeubles présents et à venir du débiteur) destinée à garantir toutes les créances qui peuvent exister contre le débiteur. Les droits et créances auxquels l'hypothèque légale est attachée sont :
– ceux d'un époux sur les biens de l'autre ;

---

[17] Article 203 de l'Acte uniforme.

– ceux des mineurs ou majeurs en tutelle sur les biens du tuteur ou de l'administrateur légal ;
– ceux de l'État, des départements, communes et établissements publics sur les biens des receveurs ;

– du légataire sur les immeubles de la succession.

65. L'article 221 de l'Acte uniforme prévoit que le vendeur, l'échangiste ou le copartageant peut exiger de l'autre partie à l'acte une hypothèque sur les immeubles vendus, échangés ou partagés pour garantir le paiement total ou partiel du prix, de la soulte de l'échange ou des créances résultant du partage. À défaut de stipulation d'hypothèque conventionnelle, le vendeur, l'échangiste ou le copartageant peuvent, en vertu d'une décision de la juridiction compétente, obtenir l'hypothèque forcée sur ces immeubles. Et que l'action en résolution de l'acte de vente, d'échange ou de partage pour défaut de paiement du prix ou de la soulte appartient au vendeur, à l'échangiste ou au copartageant titulaire d'une hypothèque conventionnelle ou forcée régulièrement publiée du fait même de l'obtention de cette garantie et concurremment avec elle.

a) L'hypothèque légale des époux

66. Le statut matrimonial des époux et leur régime légal ont souvent des incidences sur leurs activités qu'il est important de le rappeler même s'il s'agit des principes du droit civil. L'hypothèque légale est accordée à chacun des époux, quel que soit le régime matrimonial adopté. La femme peut faire inscrire son hypothèque dès le début du mariage si la « clause hypothécaire » a été insérée dans le contrat de mariage. L'hypothèque conférée à l'un des époux peut porter sur tous les immeubles de l'autre. Elle garantit tous les droits et créances d'un époux sur l'autre dans la mesure où ils ont leur cause dans le mariage.

b) L'hypothèque légale des personnes en tutelle

67. Comme pour le statut des époux unis par le mariage, le régime de la tutelle mérite d'être rappelé. Le conseil de famille est juge de l'opportunité de l'inscription d'une hypothèque pour les biens du tuteur. Dans le cas d'administration légale, le juge des tutelles peut décider qu'une inscription sera prise sur les immeubles de l'administrateur légal ou que celui-ci devra constituer un gage suffisant. Si le conseil de famille décide de prendre une telle inscription, soit à l'ouverture de la tutelle, soit au cours de la tutelle, il fixe la somme pour laquelle il sera pris inscription et désigne les immeubles qui en seront grevés. La pupille après sa majorité ou son émancipation peut requérir dans le délai d'un an l'inscription de son hypothèque légale ou une inscription complémentaire. L'hypothèque légale des personnes en tutelle garantit toutes les créances du mineur ou du majeur incapable qui résultent de la gestion du tuteur.

Paragraphe 3. Les hypothèques judiciaires

68. C'est l'hypothèque qui garantit l'exécution d'une condamnation, ainsi que le paiement des frais et dommages-intérêts (y sont assimilées les sentences arbitrales ayant obtenu l'exequatur, et les contraintes ayant force exécutoire délivrées par l'Administration). L'hypothèque judiciaire est soumise à publicité ; et son efficacité est subordonnée à son inscription ; elle est spéciale quant aux créances garanties qui sont les créances constatées par le jugement, et générale quant à son assiette, frappant tous les biens présents et à venir du débiteur.

69. Les articles 209 à 221 sont consacrés aux hypothèques forcées, en l'occurrence l'hypothèque légale, et l'hypothèque judiciaire. « L'hypothèque judiciaire résulte des jugements, soit contradictoires, soit par défaut, définitifs ou provisoires, en faveur de celui qui les a obtenus ». Le créancier qui bénéficie d'une hypothèque judiciaire peut inscrire son droit sur tous les immeubles appartenant actuellement à son débiteur. Cette hypothèque prend rang à la date de son inscription.

CHAPITRE 2. LA PUBLICITÉ DES HYPOTHÈQUES

Section 1. Inscription des hypothèques

70. Toutes les hypothèques doivent être inscrites, quelle qu'en soit la source. L'inscription n'est pas une condition de validité, mais seulement une condition de publicité de l'hypothèque, qu'elle rend opposable aux tiers. L'inscription peut être prise à partir de la naissance du droit à hypothèque sans qu'aucun délai ne soit fixé pour le faire, sauf en droit civil pour l'hypothèque pupillaire et celle des époux, qui doivent être inscrites au plus tard dans l'année qui suit la fin de l'incapacité ou la dissolution du mariage. Quatre événements survenant avant l'inscription peuvent la rendre inefficace :

1. la publication d'une mutation de l'immeuble au profit d'un tiers ;
2. l'acceptation sous bénéfice d'inventaire ;
3. la déclaration de vacance de la succession du débiteur, la liquidation de ses biens, ou son règlement judiciaire ;
4. la publication d'un commandement aux fins de saisie immobilière. Le législateur a réduit dans le temps les effets de l'inscription qui sera périmée au bout d'un certain temps si elle n'a pas été renouvelée.

Paragraphe 1. Demande d'inscription hypothécaire

71. Le créancier hypothécaire ou son représentant (le notaire rédacteur de l'acte constitutif est considéré comme ayant reçu un mandat tacite de faire procéder à l'inscription) a qualité pour requérir l'inscription. L'inscription peut être requise dès la naissance de l'hypothèque. En principe, aucun délai n'est fixé par la loi pour faire procéder à l'inscription de l'hypothèque. Cependant, un délai de rigueur est fixé pour l'inscription de certaines hypothèques légales, qui concerne les règles du droit civil :
– l'hypothèque des époux doit être inscrite au plus tard dans l'année de la dissolution du mariage ;
– l'hypothèque des personnes en tutelle doit être inscrite dans le délai d'un an à dater de la majorité ou de l'émancipation du mineur, de la fin de la tutelle ou du décès du majeur en tutelle.
Certains évènements privent le créancier du droit de prendre utilement inscription, ce sont :
– la publication de la mutation de l'immeuble grevé opérée au profit d'un tiers ;

– le règlement judiciaire ou la liquidation des biens du débiteur ;
– la transcription du commandement préludant à la saisie de l'immeuble.

Paragraphe 2. La spécialité de l'inscription

72. « L'inscription… ne peut avoir lieu que pour une somme et sur des immeubles déterminés ». Pour que l'inscription soit opérée, le créancier doit représenter l'acte qui donne naissance à l'hypothèque auquel doivent être joints deux bordereaux. Ces bordereaux précisent : l'indication de la date et de la nature du titre et de la cause de l'obligation garantie par l'hypothèque, et l'indication du capital de la créance, de ses accessoires et de l'époque normale d'exigibilité. L'hypothèque, même générale, doit être inscrite sur chaque immeuble pris individuellement. Les bordereaux doivent préciser pour chacun des immeubles sur lesquels l'inscription est requise : la nature, la situation, la contenance et la désignation cadastrale (section, numéro du plan et lieudit).
Le dépôt est refusé par le conservateur des hypothèques si l'identité des parties n'est pas certifiée et si les immeubles ne sont pas individuellement désignés. Si le conservateur après avoir accepté le dépôt constate dans le délai d'un mois l'omission d'une mention obligatoire, il peut rejeter la formalité.

Section 2. Effet de l'inscription

73. À partir du dépôt des bordereaux au bureau des hypothèques, l'hypothèque devient opposable aux tiers. Pour être opposable à l'égard des ayants-cause, l'hypothèque doit avoir été inscrite avant la publication de l'aliénation de l'immeuble. « Entre les créanciers, l'hypothèque soit légale, soit judiciaire, soit conventionnelle n'a rang que du jour de l'inscription prise par le créancier à la conservation des hypothèques ». Donc entre créanciers hypothécaires, le rang est toujours déterminé par la date d'inscription de leur hypothèque. L'hypothèque n'est opposable aux créanciers chirographaires que si elle a été inscrite. Si les créanciers chirographaires ont saisi l'immeuble et publié le commandement, le créancier hypothécaire non inscrit ne peut plus prendre inscription.

Section 3. Péremption de l'inscription

74. Le délai de péremption. Il est en principe de dix ans (trois ans pour l'hypothèque légale des époux inscrite par l'intervention de la justice) à partir du jour de l'inscription, mais certains établissements comme le crédit foncier bénéficient d'un régime de faveur de trente-cinq ans ; cependant, si le principal de l'obligation garantie doit être acquitté à une ou plusieurs dates déterminées, la date extrême d'effet de l'inscription est au plus postérieure de deux années à cette échéance. L'inscription périmée est rétroactivement effacée, mais la sûreté subsiste et le créancier pourra (sauf lorsque la loi fixe un délai et que ce délai est expiré) prendre une inscription nouvelle, mais qui n'aura rang qu'à la nouvelle date, alors que le renouvellement aurait conservé l'inscription primitive avec son rang. Les inscriptions hypothécaires peuvent être radiées par le conservateur des hypothèques, soit à la demande du créancier, qui donne mainlevée totale de l'inscription, soit sur l'ordre du tribunal, qui en prononce également la mainlevée totale. L'hypothèque peut également être réduite soit volontairement, soit judiciairement.

75. La péremption décennale constitue un mode automatique de radiation des inscriptions. L'inscription périmée est considérée comme rétroactivement effacée. Le renouvellement de l'inscription conserve l'inscription primitive avec son rang, mais il doit être effectué au plus tard le jour qui précède l'expiration de délai de péremption.

CHAPITRE 3. EFFETS DE L'HYPOTHÈQUE

76. Les hypothèques produisent des effets selon les dispositions des articles 222 et 223 de l'Acte uniforme.

Section 1. Les rapports du créancier hypothécaire et du débiteur

77. Tant que le créancier n'exerce pas l'action hypothécaire, le débiteur conserve tous les attributs du droit de propriété :
– il a le droit de disposer du bien grevé d'hypothèque ;
– il garde l'administration de l'immeuble mais ne peut consentir de baux de plus de 12 ans ;
– il continue à percevoir les fruits et revenus de l'immeuble hypothéqué.
La publication de la saisie de l'immeuble hypothéqué enlève au propriétaire le droit d'aliéner l'immeuble ou de le grever de droits réels. Elle lui retire également le droit d'administration et de jouissance. Les fruits de l'immeuble échus depuis la publication de la saisie sont « immobilisés » et affectés au paiement des créanciers hypothécaires. Après la vente aux enchères de l'immeuble, le créancier qui n'a pu être payé intégralement perd tout droit sur l'immeuble. Il reste créancier personnel du débiteur pour le solde.

Section 2. Les rapports du créancier hypothécaire et des autres créanciers

78. Dans les rapports avec les autres créanciers, le créancier hypothécaire bénéficie d'un droit de préférence. Le droit de préférence du créancier hypothécaire s'exerce sur le prix de l'immeuble hypothéqué et de tous les biens considérés comme accessoires de cet immeuble. Le droit de préférence s'applique au principal de la créance et à trois années d'intérêts.
Après que le bien a été vendu aux enchères publiques, la *procédure d'ordre* a pour but d'en répartir le prix entre les créanciers inscrits. Cette procédure est une véritable instance qui se déroule devant un juge appelé « *juge aux ordres* ». Chaque créancier hypothécaire doit à peine de forclusion produire le titre à l'ordre dans le délai fixé par le juge. Lorsque toutes les contestations ont été tranchées, le juge prononce la clôture de l'ordre et procède au règlement définitif. Le greffier délivre des « *bordereaux de collocation* » aux créanciers inscrits pour qu'ils se fassent payer dans l'ordre des inscriptions et jusqu'à épuisement du prix d'adjudication.

Section 3. Le rapport du créancier hypothécaire et du tiers acquéreur

79. Étant titulaire d'un droit réel, le créancier hypothécaire peut exercer son droit sur l'immeuble hypothéqué en quelques mains qu'il se trouve. Le droit de suite, droit de saisir et de vendre le bien hypothéqué détenu par un acquéreur, permet au créancier de conserver son droit de préférence sur l'immeuble malgré l'aliénation de celui-ci.

Paragraphe 1. La condition d'exercer du droit de suite

80. Le créancier hypothécaire peut exercer son droit de suite lorsque l'immeuble est passé du patrimoine du débiteur dans le patrimoine d'un tiers. Cependant, quelques aliénations font obstacle au droit de suite :
– certaines ventes publiques opèrent purge, c'est-à-dire affranchissent l'immeuble de ses hypothèques ;
– le droit de suite disparaît lorsque l'aliénation porte sur ces accessoires de l'immeuble qui deviennent meubles par suite de leur séparation.
Le créancier ne peut poursuivre le tiers acquéreur qu'autant qu'il a inscrit son hypothèque avant la publication de l'aliénation. Après l'échéance, le créancier doit faire une double signification :
– commandement au débiteur tenu personnellement de la dette ;
– sommation au tiers détenteur « de payer la dette exigible ou de délaisser l'héritage » (en droit civil).
Trente jours après cette double signification, le créancier peut procéder à la saisie.

Paragraphe 2. Les effets du droit de suite

81. Si l'acquéreur n'a pas d'exceptions à opposer au créancier poursuivant, il peut prendre l'un des partis suivants :

– purger : *la purge des hypothèques* est une procédure qui permet au tiers qui acquiert un immeuble hypothéqué de libérer cet immeuble des hypothèques en offrant aux créanciers inscrits son prix d'achat (ou s'il s'agit d'une donation, la valeur d'estimation). Le tiers acquéreur doit en premier lieu publier son titre d'acquisition à la conservation des hypothèques de manière à arrêter toute nouvelle hypothèque. Puis il notifie par acte d'huissier à tous les créanciers inscrits, à leur domicile élu dans l'inscription : son offre de payer le prix d'acquisition, les renseignements concernant le montant et de date des hypothèques inscrites. Les créanciers ont quarante jours pour prendre parti, chacun d'eux peut soit accepter l'offre, soit se porter surenchérisseur. Si tous les créanciers acceptent, l'acquéreur consigne la somme entre les mains du notaire qui la répartit entre les créanciers inscrits dans l'ordre de leur inscription. L'immeuble est alors libéré de toute hypothèque. Si un créancier refuse, l'immeuble est vendu aux enchères

publiques. Si aucun acquéreur ne se présente pour la mise à prix, le créancier surenchérisseur devient adjudicataire de l'immeuble ;
– payer purement et simplement le créancier ;
– délaisser l'immeuble pour que la procédure de saisie ne soit pas dirigée contre lui ;
– se laisser exproprier.
L'adjudication sur saisie produit les effets d'une vente :
Le tiers acquéreur cesse d'être propriétaire à compter du jugement d'adjudication (sans effet rétroactif) et l'adjudication opère transfert de la propriété de l'immeuble au profit de l'adjudicataire. La publication du jugement d'adjudication purge l'immeuble de toutes les hypothèques qui le grevaient et les créanciers inscrits n'ont plus d'action que sur le prix d'adjudication.

82. Extinction du privilège et de l'hypothèque. Les privilèges et hypothèques s'éteignent par l'extinction de la créance elle-même, la destruction de l'immeuble hypothéqué (sauf le transfert du droit de préférence sur l'inscription au bout de dix ans ou trois ans), la renonciation du créancier et la prescription (lorsque l'immeuble est resté en la possession du tiers détenteur pendant dix ou vingt ans si celui-ci est de bonne foi, ou dans le cas contraire, pendant trente ans), ainsi que par la purge.

83. La purge. La purge est une faculté donnée au tiers détenteur de débarrasser un immeuble des privilèges et hypothèques qui le grèvent en offrant aux créanciers privilégiés ou hypothécaires la somme représentant la valeur de l'immeuble. Cette faculté est réservée aux acquéreurs d'immeubles ou de droits réels immobiliers exposés au droit de suite. La première formalité consiste dans la transcription du titre de l'acquéreur. Celui-ci fait ensuite des offres de paiement sur-le-champ aux créanciers inscrits qui ont alors quarante jours pour opter entre accepter le prix ou acquérir la mise en vente de l'immeuble aux enchères publiques (dans ce dernier cas, le créancier doit faire une surenchère d'un dixième et donner caution).

84. La publicité foncière. La publicité foncière a pour objet de rendre opposable aux tiers le transfert ou la constitution de droits réels, principaux ou accessoires et de quelques droits personnels. Ne peuvent échapper à la transcription que de rares actes : quelques actes de procédure, les faits juridiques qui produisent leurs effets par le seul effet de la loi en dehors de la volonté et même à l'insu du propriétaire, comme la consolidation, en droit civil notamment, le droit de jouissance légale des parents et le droit d'usufruit qui résulte des règles des régimes de communauté.
L'acte à publier doit être authentique ou, s'il est sous seing privé, déposé chez un notaire, devant lequel les parties ont reconnu l'écriture et les signatures. Quel que soit l'acte à publier, il est déposé à la conservation des

hypothèques, où le conservateur en assure la garde et tient registres et fichiers. C'est aux notaires, huissiers et autorités administratives qu'il appartient d'opérer le dépôt. Aucun acte ou décision judiciaire sujet à publicité ne peut être publié au fichier immobilier si le titre du disposant ou dernier titulaire n'a pas été préalablement publié. Le conservateur a le droit de refuser le dépôt s'il estime que l'acte n'est pas régulier en la forme. Lorsqu'il l'a accepté au moment du dépôt, il pourra encore plus tard faire un rejet de formalité, invitant les parties à régulariser les actes. Lorsque le conservateur a accepté un dépôt, il conserve un exemplaire de l'acte, qui est enliassé au registre des formalités. Le conservateur tient également un registre des dépôts effectués et permet de décider de la priorité d'une publicité.
Les recherches s'effectuent à l'aide de fichiers ; un fichier personnel, qui fonctionne par commune et qui est tenu au nom de chaque propriétaire, et des fichiers réels (fichiers parcellaires dans les communes rurales où le cadastre est rénové, et fiches d'immeubles dans les localités urbaines). Ces registres et ces fichiers ne peuvent être consultés par le public, les intéressés pouvant toutefois requérir du conservateur une copie ou un extrait des actes publiés.

85. La publicité mobilière. En principe, la publication n'existe pas en matière de meubles. En effet, l'article 2279 du Code civil prévoit qu'en fait de meubles, la possession vaut titre et tient donc en quelque sorte, lieu de publicité. Pour certains meubles cependant, dont l'importance entraîne un moins grand nombre de mutations et qui, en outre, jouissent d'une certaine fixité, on a pu centraliser une certaine publicité. Ainsi le droit commercial a organisé la publicité de la vente des fonds de commerce (triple publication dans les journaux), et des formalités particulières de publication ont été organisées pour l'aliénation des meubles corporels ayant un point d'attache : navires (registre des mutations en douane), bateaux de rivières de plus de vingt tonneaux (registre au greffe du tribunal de commerce du lieu d'immatriculation) et aéronefs (registre d'immatriculation).

QUATRIÈME PARTIE. EXERCICES D'APPLICATION

1.1 À votre avis, pourquoi la loi exige-t-elle qu'on indique de façon précise dans l'acte de constitution de gage ?
– le montant de la somme due ;
– la désignation détaillée des objets remis en gage.
1.2. Qui doit être préféré du garagiste réparateur ayant le droit de rétention ou du vendeur ayant pris un gage sans dépossession ? Précisez votre point de vue.
1.3. Pourquoi les frais de justice priment-ils toujours les autres privilèges qu'ils soient généraux ou spéciaux ?
1.4. Quels sont les privilèges spéciaux mobiliers dont le titulaire peut en outre bénéficier d'un droit de rétention ? Quels avantages le fait de disposer d'un droit de rétention donne-t-il au créancier privilégié ?
1.5. Le bailleur a-t-il un droit de suite sur les meubles de son locataire ?
1.6. Pourquoi le créancier gagiste a-t-il parfois intérêt à se faire attribuer la propriété du gage plutôt que de le faire vendre aux enchères ?

Exercices d'application

2.1. Pourquoi ne peut-on, en principe, accorder une hypothèque générale sur tous ses immeubles, présents et à venir ? En quoi la spécialité de l'inscription réduit-elle la portée de l'hypothèque sur les biens à venir ?
2.2. Quelle est l'efficacité de l'hypothèque légale de la femme mariée sur les biens de son époux ?
2.3. Quel est l'intérêt pour le créancier hypothécaire de pouvoir exercer le droit de suite ?

Classification des sûretés

Le cautionnement est-il une sûreté personnelle ? Le fondement d'une caution est-il le rapport de confiance qu'il crée au profit du créancier ? La sûreté personnelle présente-t-elle plus d'efficacité que la sûreté réelle ? Les sûretés réelles sont-elles le nantissement, le droit de rétention, le privilège, l'hypothèque ? L'hypothèque permet-elle au créancier de bénéficier d'un droit de suite et d'un droit de préférence ? Le cautionnement réel est-il une combinaison entre une sûreté réelle et personnelle ?

Sûretés personnelles : le cautionnement

Le rapport existant entre le débiteur et la caution réside-t-il en une obligation de faire pour la caution ? Si l'engagement de la caution excède ce qui est dû par le débiteur, le cautionnement est-il nul ? Le bénéfice de discussion est-il un droit attaché au débiteur ? Le cautionnement peut-il s'appliquer à une dette future ? La compensation rendant la caution créancière du créancier éteint-elle la créance cautionnée ?

Sûretés réelles mobilières : le gage

La validité d'une créance est-elle une condition de fond pour permettre un contrat de gage ? La remise de la chose au créancier gagiste doit-elle se faire du début du contrat jusqu'à son expiration ? Les contrats de gage sont-ils des contrats réels ? Pour que le contrat de gage soit valable à l'égard des tiers, doit-il être impérativement un acte écrit ? Le droit de rétention n'est pas un droit indivisible ? Le créancier a-t-il le droit de vendre le gage à l'amiable sans l'autorisation du tribunal ?

Les privilèges

En matière de privilèges généraux, le créancier dispose-t-il d'un droit de suite ? Les privilèges généraux portent-ils sur l'ensemble des biens meubles et immeubles du débiteur ? Depuis la loi de 1955, les privilèges généraux immobiliers ne concernent plus que les salaires et les frais de justice ? Le privilège du bailleur d'immeuble porte-t-il sur les meubles apportés par le preneur dans les lieux loués ? Les procès-verbaux qui doivent être dressés par le créancier privilégié (privilège des architectes et entrepreneurs), sont-ils des conditions d'existence de la sûreté ? Le privilège des architectes et entrepreneurs porte-t-il simplement sur la partie de l'immeuble qui a fait l'objet de travaux ?

Classement des privilèges

Le privilège de frais de conservation prime-t-il le privilège général des frais de justice ? Le créancier qui est en conflit avec un vendeur l'emporte sur celui-ci du fait de la règle : « en fait de meuble, la possession vaut titre » ? Le privilège des frais de dernière maladie est-il placé avant les privilèges du Trésor public ?

Les Hypothèques

Le créancier hypothécaire dispose-t-il d'un droit de suite sur l'immeuble ? L'hypothèque est-elle par nature indivisible ? L'hypothèque est-elle cédée en même temps que la créance ? L'usufruit ne peut faire l'objet d'une hypothèque ? Une hypothèque conventionnelle peut-elle être consentie par une autre personne que le propriétaire de l'immeuble ? Les hypothèques légales sont-elles limitativement énumérées par le Code civil ? Des immeubles donnés ou légués sous la condition qu'ils ne pourront être aliénés peuvent-ils faire l'objet d'une hypothèque ? L'adjudication sur saisie d'un immeuble purge-t-elle celui-ci des hypothèques qui le grèvent ?

Publicité des hypothèques

Existe-t-il un délai fixé par la loi pour inscrire au bureau des hypothèques son hypothèque ? Une hypothèque générale doit-elle être inscrite sur chaque immeuble opposable aux tiers ? Existe-t-il des cas d'interdictions de prendre une inscription sur les immeubles d'un débiteur ?

Effets de l'hypothèque

L'existence d'une hypothèque sur un immeuble empêche-t-elle le débiteur d'exercer les attributs du droit de propriété ? L'intérêt du droit de préférence réside-t-il dans les rapports du créancier hypothécaire par rapport à d'autres créanciers ? Si le tiers acquéreur a publié son acte d'acquisition avant l'inscription du créancier hypothécaire : celui-ci dispose-t-il du droit de suite ?

I. Privilèges généraux sur meubles et immeubles

Depuis l'Acte uniforme portant organisation des sûretés, seuls les privilèges pour frais de justice et les privilèges des salaires et de certaines créances assimilées peuvent porter sur la généralité des meubles et immeubles. Cette évolution s'explique par l'accroissement des créances de salaires et des créances bénéficiant d'un même rang (surtout la sécurité sociale) ; ce qui faisait que les créanciers hypothécaires primés par des privilèges non publiés n'avaient plus qu'une garantie illusoire.

CORRIGÉ

Question 1.1

Le montant de la somme due est indiqué au moment de la constitution de gage pour éviter qu'elle ne soit ultérieurement modifiée. Il est controversé lorsque la créance garantie par le gage est indéterminée. L'indication de la cause de la créance devrait suffire. La désignation des choses remises en gage, afin d'éviter une fraude au détriment des autres créanciers, par exemple, le créancier gagiste, en accord avec le débiteur, reçoit en gage des biens de plus grande valeur.

Question 1.2

Le garagiste, réparateur qui a le droit de rétention, la chose étant en sa possession, à condition qu'il soit de bonne foi (article 2279, du Code civil).

Question 1.3

Les frais de justice qui priment les autres privilèges sont préférés, parce que ces frais de justice sont engagés dans l'intérêt de tous les créanciers.

Question 1.4

Privilèges spéciaux mobiliers :

1) le bailleur d'immeuble ;
2) privilège du syndicat des copropriétaires par appartement ;
3) privilège du transporteur ;
4) privilège du vendeur de meubles ;
5) privilège tenant à la conservation de la chose.

Le droit de rétention est opposable aux tiers.

Question 1.5

La loi permet au bailleur de saisir les meubles déplacés par le preneur, sans son consentement.

Question 1.6

S'il se fait attribuer la propriété du gage, comme le lui permet l'article 94 de l'Acte uniforme, il ne risque pas de voir certains créanciers privilégiés l'emporter sur lui, comme ce serait le cas dans une vente aux enchères.

Question 2.1

En accordant une hypothèque générale sur tous les immeubles présents et à venir, un débiteur encourra la nullité. En effet, il est interdit d'hypothéquer des biens à venir et cela à cause de la spécialité de gage hypothécaire, elle ne permettrait pas une bonne publicité.

Mais il existe des exceptions :

- insuffisance des biens présents et libres ;
- perte ou dégradation fortuite de l'immeuble hypothéqué.

Question 2.2

L'hypothèque légale des époux existe sous tous les régimes matrimoniaux. En principe, l'hypothèque légale garantit les droits et créances d'un époux. Limitations : seules les créances se rattachant au mariage sont garanties.

L'hypothèque légale de la femme est protégée par l'article 2135, alinéa 1er du Code civil et l'énumération des créances non limitatives est dans l'alinéa 2 et 3 de l'article 2135 du Code civil.
Question 2.3

Intérêt du créancier hypothécaire d'exercer le droit de suite est de permettre à celui-ci de saisir l'immeuble aliéné par le débiteur ou d'exercer son droit de préférence sur la part de l'immeuble devenu la propriété d'une autre personne. Pour exercer le droit de suite, il faut que la créance soit exigible et que la publicité de l'hypothèque soit effectuée en temps utile.

ANNEXE :
ACTE UNIFORME PORTANT ORGANISATION DES SÛRETÉS

Le Conseil des Ministres de l'Organisation pour l'Harmonisation en Afrique du Droit des Affaires (OHADA) ;
– vu le Traité relatif à l'harmonisation du droit des affaires en Afrique, signé à Port Louis le 17 octobre 1993, tel que révisé à Québec le 17 octobre 2008, notamment en ses articles 2, 5 à 10 et 12 ;
– vu le rapport du Secrétariat permanent et les observations des États Parties ;
– vu l'avis N° 002/2010 en date du 3 août 2010 de la Cour Commune de Justice et d'Arbitrage.
Après en avoir délibéré, adopte à l'unanimité des États Parties présents et votants l'Acte uniforme dont la teneur suit :

TITRE PRÉLIMINAIRE
DÉFINITIONS ET DOMAINE D'APPLICATION DES SÛRETÉS-AGENT DES SÛRETÉS

CHAPITRE 1. DÉFINITION ET DOMAINE D'APPLICATION DES SÛRETÉS

Article 1. Une sûreté est l'affectation au bénéfice d'un créancier d'un bien, d'un ensemble de biens ou d'un patrimoine afin de garantir l'exécution d'une obligation ou d'un ensemble d'obligations, quelle que soit la nature juridique de celles-ci et notamment qu'elles soient présentes ou futures, déterminées ou déterminables, conditionnelles ou inconditionnelles, et que leur montant soit fixe ou fluctuant.

Article 2. Sauf disposition contraire du présent Acte uniforme, les sûretés qu'il régit sont accessoires de l'obligation dont elles garantissent l'exécution.

Article 3. Est considéré comme débiteur professionnel au sens du présent Acte uniforme, tout débiteur dont la dette est née dans l'exercice de sa profession ou se trouve en rapport direct avec l'une de ses activités professionnelles, même si celle-ci n'est pas principale.

Article 4. Les sûretés personnelles, au sens du présent Acte uniforme, consistent en l'engagement d'une personne de répondre de l'obligation du débiteur principal en cas de défaillance de celui-ci ou à première demande du bénéficiaire de la garantie. Sauf disposition contraire du présent Acte uniforme, les seules sûretés réelles valablement constituées sont celles qui sont régies par cet Acte. Elles consistent soit dans le droit du créancier de se faire payer par préférence sur le prix de réalisation d'un bien affecté à la garantie de l'obligation de son débiteur, soit dans le droit d'obligation. Les sûretés réelles peuvent être constituées par le débiteur lui-même ou un tiers en garantie de l'obligation sous réserve des dispositions particulières du présent Acte uniforme. Les sûretés propres au droit fluvial, maritime et aérien, les sûretés légales autres que celles régies par le présent Acte uniforme, ainsi que les sûretés garantissant l'exécution de contrats conclus exclusivement entre établissements de financement, peuvent faire l'objet de législations particulières.

CHAPITRE 2. AGENT DES SÛRETÉS

Article 5. Toute sûreté ou autre garantie de l'exécution d'une obligation peut être constituée, inscrite, gérée et réalisée par une institution financière ou un établissement de crédit, national ou étranger, agissant, en son nom et en qualité d'agent des sûretés, au profit des créanciers de la ou des obligations garanties l'ayant désigné à cette fin.

Article 6. L'acte désignant l'agent des sûretés mentionne, à peine de nullité :
1°) la ou les obligations garanties ou, si elles sont futures, les éléments de nature à permettre leur individualisation, tels que l'indication de leur débiteur, de leur lieu de paiement, de leur montant ou l'évaluation de ce dernier, et de leur échéance ;
2°) l'identité, au jour de la désignation de l'agent des sûretés, des créanciers de la ou des obligations garanties ;
3°) l'identité et le siège social de l'agent des sûretés ;
4°) la durée de sa mission et l'étendue de ses pouvoirs d'administration et de disposition ;
5°) les conditions dans lesquelles l'agent des sûretés rend compte de sa mission aux créanciers de la ou des obligations garanties.

Article 7. Lorsque l'agent des sûretés agit au profit des créanciers de la ou des obligations garanties, il doit en faire expressément mention et toute inscription d'une sûreté effectuée à l'occasion de sa mission doit mentionner son nom et sa qualité d'agent des sûretés.
Article 8. Sauf stipulation contraire et pour tout ce qui a trait aux obligations garanties, les créanciers sont représentés par l'agent des sûretés dans leurs relations avec leurs débiteurs, leurs garants, ainsi que les personnes ayant affecté ou cédé un bien en garantie de ces obligations, et les tiers. Dans la limite des pouvoirs qui lui ont été conférés par les créanciers de la ou des obligations garanties, l'agent des sûretés peut intenter toutes actions pour défendre leurs intérêts, y compris en justice, la seule indication qu'il intervient en sa qualité d'agent des sûretés étant suffisante.

Article 9. Lorsque la constitution ou la réalisation d'une sûreté entraîne un transfert de propriété au profit de l'agent des sûretés, le ou les biens transférés forment un patrimoine affecté à sa mission et doivent être tenus séparés de son patrimoine propre par l'agent des sûretés. Il en va de même des paiements reçus par l'agent des sûretés à l'occasion de l'accomplissement de sa mission. Sous réserve de l'exercice éventuel d'un droit de suite sur ces biens et hors les cas de fraude, ils ne peuvent alors être saisis que par les titulaires de créances nées de la conservation et de la gestion de ces biens, y compris en cas d'ouverture d'une procédure collective d'apurement du passif à l'encontre de l'agent des sûretés.

Article 10. L'acte désignant l'agent des sûretés peut prévoir les conditions dans lesquelles l'agent des sûretés peut, sous sa responsabilité, se substituer un tiers pour accomplir sa mission. En ce cas, les créanciers de la ou des obligations garanties peuvent agir directement contre la personne que l'agent des sûretés s'est substitué.

Cet acte peut également prévoir les conditions de remplacement de l'agent des sûretés si celui-ci manque à ses devoirs ou met en péril les intérêts qui lui sont confiés ou encore s'il fait l'objet de l'ouverture d'une procédure collective d'apurement du passif. En l'absence de dispositions contractuelles en ce sens, les créanciers de l'obligation garantie peuvent, dans les hypothèses précitées, demander à la juridiction compétente, statuant à bref délai, la nomination d'un agent des sûretés provisoire ou solliciter le remplacement de l'agent des sûretés. En cas de remplacement de l'agent des sûretés, qu'il soit de source contractuelle ou judiciaire, tous les droits et toutes les actions que celui-ci détient dans l'intérêt des créanciers de la ou des obligations garanties sont transmis de plein droit et sans autre formalité au nouvel agent des sûretés.

Article 11. À défaut de disposition contraire dans l'acte le désignant, la responsabilité de l'agent des sûretés à l'égard des créanciers de la ou des obligations garanties s'apprécie comme celle d'un mandataire salarié.

TITRE 1. SÛRETÉS PERSONNELLES

Article 12. Les sûretés personnelles régies par le présent Acte uniforme sont le cautionnement et la garantie autonome.

CHAPITRE 1. CAUTIONNEMENT

Article 13. Le cautionnement est un contrat par lequel la caution s'engage, envers le créancier qui accepte, à exécuter une obligation présente ou future contractée par le débiteur, si celui-ci n'y satisfait pas lui-même. Cet engagement peut être contracté sans ordre du débiteur.

Section 1. Formation du cautionnement

Article 14. Le cautionnement ne se présume pas, quelle que soit la nature de l'obligation garantie. Il se prouve par un acte comportant la signature de la caution et du créancier ainsi que la mention, écrite de la main de la caution, en toutes lettres et en chiffres, de la somme maximale garantie couvrant le principal, les intérêts et autres accessoires. En cas de différence, le cautionnement vaut pour la somme exprimée en lettres. La caution qui ne sait ou ne peut écrire doit se faire assister de deux témoins qui certifient, dans l'acte de cautionnement son identité et sa présence et attestent, en outre, que la nature et les effets de l'acte lui ont été précisés. La présence des témoins certificateurs dispense la caution de l'accomplissement des formalités prévues par l'alinéa précédent. Les dispositions du présent article s'appliquent également au cautionnement exigé par la loi de chaque État Partie ou par une décision de justice.

Article 15. Lorsque le débiteur est tenu, par la convention, la loi de chaque État Partie ou la décision de justice, de fournir une caution, celle-ci doit être domiciliée ou faire élection de domicile dans le ressort territorial de la juridiction où elle doit être sauf dispense du créancier ou de la juridiction compétente. La caution doit présenter des fournies, garanties de solvabilité appréciées en tenant compte de tous les éléments de son patrimoine. Le débiteur qui ne peut trouver une caution pourra la remplacer par toute sûreté réelle donnant les mêmes garanties au créancier.

Article 16. Lorsque la caution reçue par le créancier, volontairement ou en justice, est devenue ensuite insolvable, le débiteur doit en fournir une autre ou fournir une sûreté réelle donnant les mêmes garanties au créancier. Cette règle ne reçoit exception que lorsque le créancier a subordonné son consentement au contrat principal à l'engagement, à son égard, d'une caution nommément désignée.

Article 17. Le cautionnement ne peut exister que si l'obligation principale garantie est valablement constituée. Toutefois, il est possible de cautionner, en parfaite connaissance de cause, les engagements d'un incapable. La confirmation, par le débiteur, d'une obligation entachée de nullité relative, ne lie pas la caution, sauf renonciation expresse, par la caution, à cette nullité. Le défaut de pouvoir du représentant pour engager la personne morale débitrice principale ne peut être invoqué par la caution de celle-ci que si l'obligation principale n'est pas valablement constituée, sauf lorsque la personne morale débitrice principale a confirmé cette obligation et que la caution a expressément renoncé à se prévaloir de la nullité de ladite obligation. L'engagement de la caution ne peut être contracté à des conditions plus onéreuses que l'obligation principale, sous peine de réduction à concurrence de celle-ci, ni excéder ce qui est dû par le débiteur principal au moment des poursuites. Le débiteur principal ne peut aggraver l'engagement de la caution par une convention postérieure au cautionnement.

Article 18. Sauf clause contraire, le cautionnement d'une obligation s'étend, outre le principal, et dans la limite de la somme maximale garantie, aux accessoires de la dette et aux frais de recouvrement de la créance, y compris ceux postérieurs à la dénonciation qui est faite à la caution. À la demande de la caution, l'acte constitutif de l'obligation principale est annexé à la convention de cautionnement. Le cautionnement peut également être contracté pour une partie seulement de la dette et sous des conditions moins onéreuses.

Article 19. Le cautionnement général des dettes du débiteur principal, sous la forme d'un cautionnement de tous engagements, du solde débiteur d'un compte courant ou sous toute autre forme, ne s'entend, sauf clause contraire expresse, que de la garantie des dettes contractuelles directes. Il doit être conclu, sous peine de nullité, pour une somme maximale librement déterminée entre les parties, incluant le principal, les intérêts et autres accessoires. Le cautionnement général peut être renouvelé lorsque la somme maximale est atteinte. Le renouvellement doit être exprès ; toute clause contraire est réputée non écrite. Il peut être révoqué, à tout moment, par la caution avant que la somme maximale garantie ait été atteinte. Tous les engagements du débiteur garanti nés avant la révocation restent garantis par la caution. Sauf clause contraire, le cautionnement général ne garantit pas les dettes du débiteur principal antérieures à la date du cautionnement.

Section 2. Modalités du cautionnement

Article 20. Le cautionnement est réputé solidaire. Il est simple lorsqu'il en est ainsi décidé, expressément, par la loi de chaque État Partie ou la convention des parties.

Article 21. La caution peut, elle-même, se faire cautionner par un certificateur désigné comme tel dans le contrat. Sauf stipulation contraire, le ou les certificateurs sont cautions simples de la caution certifiée.

Article 22. La caution peut garantir son engagement en consentant une sûreté réelle sur un ou plusieurs de ses biens. Elle peut également limiter son engagement à la valeur de réalisation du ou des biens sur lesquels elle a consenti une telle sûreté.

Section 3. Effets du cautionnement

Article 23. La caution n'est tenue de payer la dette qu'en cas de non-paiement du débiteur principal. Le créancier ne peut entreprendre de poursuites contre la caution qu'après une mise en demeure de payer adressée au débiteur principal et restée sans effet. La prorogation du terme accordée au débiteur principal par le créancier doit être notifiée par ce dernier à la caution. Celle-ci est en droit de refuser le bénéfice de cette prorogation et de poursuivre le débiteur pour le forcer au paiement ou obtenir une garantie ou une mesure conservatoire. Nonobstant toute clause contraire, la déchéance du terme accordé au débiteur principal ne s'étend pas automatiquement à la caution qui ne peut être requise de payer qu'à l'échéance fixée à l'époque où la caution a été fournie, la caution encourt la déchéance du terme si, après mise en demeure, elle ne satisfait pas à ses propres obligations à l'échéance fixée.

Article 24. Dans le mois de la mise en demeure de payer adressée au débiteur principal et restée sans effet, le créancier doit informer la caution de la défaillance du débiteur principal en lui indiquant le montant restant dû par ce dernier en principal, intérêts et autres accessoires à la date de cet incident de paiement. À défaut d'accomplissement des formalités prévues au présent article, le créancier est déchu, vis-à-vis de la caution, des intérêts contractuels échus depuis la date de la précédente information jusqu'à la date de communication de la nouvelle information, sans préjudice des dispositions de l'article 29 du présent Acte uniforme. Toute clause contraire aux dispositions du présent article est réputée non écrite.
Article 26. La caution est tenue de la même façon que le débiteur principal. La caution solidaire est tenue de l'exécution de l'obligation principale dans les mêmes conditions qu'un débiteur solidaire sous réserve des dispositions particulières du présent Acte uniforme. Toutefois, le créancier ne peut poursuivre la caution simple ou solidaire qu'en appelant en cause le débiteur principal.
Article 27. La caution judiciaire et la caution solidaire ne disposent pas du bénéfice de discussion. La caution simple, à moins qu'elle ait expressément renoncé à ce bénéfice, peut sur premières poursuites dirigées contre elle, exiger la discussion du débiteur principal, en indiquant les biens de ce dernier, susceptibles d'être saisis immédiatement sur le territoire national et de produire des deniers suffisants pour le paiement intégral de la dette. Elle doit, en outre, avancer les frais de discussion ou consigner la somme nécessaire arbitrée par la juridiction compétente à cet effet.

Lorsque la caution a fait l'indication des biens et fourni les deniers suffisants pour la discussion, le créancier est, jusqu'à concurrence des biens indiqués, responsable, à l'égard de la caution, de l'insolvabilité du débiteur principal survenue par le défaut de poursuites.

Article 28. S'il existe plusieurs cautions pour un même débiteur et une même dette, sauf stipulation de solidarité entre elles ou renonciation par elles à ce bénéfice, chacune d'elles peut, sur premières poursuites du créancier, demander la division de la dette entre les cautions solvables au jour où l'exception est invoquée. La caution ne répond pas des insolvabilités des autres cautions survenues après la division. Le créancier qui divise volontairement son action ne peut revenir sur cette division et supporte l'insolvabilité des cautions poursuivies sans pouvoir la reporter sur les autres cautions.

Article 29. Toute caution ou tout certificateur de caution peut opposer au créancier toutes les exceptions inhérentes à la dette qui appartiennent au débiteur principal et tendent à réduire, éteindre ou différer la dette sous réserve des dispositions des articles 17 et 23, alinéas 3 et 4 du présent Acte uniforme et des dispositions particulières de l'Acte uniforme portant organisation des procédures collectives d'apurement du passif.

La caution simple ou solidaire est déchargée quand la subrogation aux droits et garanties du créancier ne peut plus s'opérer, en sa faveur, par le fait du créancier. Toute clause contraire est réputée non écrite. Si le fait reproché au créancier limite seulement cette subrogation, la caution est déchargée à concurrence de l'insuffisance de la garantie conservée.

Article 30. La caution doit aviser le débiteur principal ou le mettre en cause avant de payer la dette au créancier poursuivant. Si la caution a payé sans avoir averti ou mis en cause le débiteur principal, elle perd son recours contre lui si, au moment du paiement par elle ou postérieurement à ce paiement, le débiteur avait le moyen de faire déclarer la dette éteinte ou s'il avait payé dans l'ignorance du paiement de la caution. Néanmoins, la caution conserve son action en répétition contre le créancier.

Article 31. La caution est subrogée dans tout le droit et garanties du créancier poursuivant pour tout ce qu'elle a payé à ce dernier. S'il y a plusieurs débiteurs principaux solidaires d'une même dette, la caution est subrogée contre chacun d'eux pour tout ce qu'elle a payé, même si elle n'en a cautionné qu'un. Si les débiteurs sont conjoints, elle doit diviser ses recours.

Article 32. La caution qui a payé a, également, un recours personnel contre le débiteur principal pour ce qu'elle a payé en principal, en intérêts de cette somme et en frais engagés depuis qu'elle a dénoncé au débiteur principal les poursuites dirigées contre elle. Elle peut, en outre, réclamer des dommages-intérêts pour réparation du préjudice subi du fait des poursuites du créancier. S'il y a eu cautionnement partiel, le créancier ne peut, pour le reliquat, être

préféré à la caution qui a payé et agi en vertu de son recours personnel. Toute clause contraire est réputée non écrite.
Article 33. Les recours du certificateur de caution contre la caution certifiée sont soumis aux dispositions des articles 30, 31, et 32 du présent Acte uniforme.
Article 34. Lorsqu'il existe plusieurs cautions simples ou solidaires pour une même dette, si l'une des cautions a utilement acquitté la dette, elle a un recours contre les autres cautions, chacune pour sa part et portion.
Article 35. La caution peut agir en paiement contre le débiteur principal ou demander la conservation de ses droits dans le patrimoine de celui-ci, avant même d'avoir payé le créancier :
– dès qu'elle est poursuivie ;
– lorsque le débiteur est en état de cessation des paiements ou en déconfiture ;
– lorsque le débiteur ne l'a pas déchargée dans le délai convenu ;
– lorsque la dette est devenue exigible par l'échéance du terme sous lequel elle avait été contractée.

Section 4. Extinction du cautionnement

Article 36. L'extinction partielle ou totale de l'obligation principale entraîne, dans la même mesure, celle de l'engagement de la caution. La dation en paiement libère définitivement la caution, même si le créancier est ensuite évincé de la chose acceptée par lui. Toute clause contraire est réputée non écrite. La novation de l'obligation principale par changement d'objet ou de cause, la modification des modalités ou sûretés dont elle était assortie libèrent la caution à moins qu'elle n'accepte de reporter sa garantie sur la nouvelle dette. Toute clause contraire stipulée avant la novation est réputée non écrite. Les engagements de la caution simple ou solidaire passent à ses héritiers uniquement pour les dettes nées antérieurement au décès de la caution.
Article 37. L'engagement de la caution disparaît indépendamment de l'obligation principale :
– lorsque, sur poursuites dirigées contre elle, la caution excipe de la compensation pour une créance personnelle ;
– lorsque le créancier a consenti une remise de dette à la seule caution ;
– lorsque la confusion s'opère entre la personne du créancier et de la caution.
Article 38. Toutefois, la confusion qui s'opère dans la personne du débiteur principal et de sa caution lorsque l'une devient héritière de l'autre, n'éteint pas l'action du créancier contre le certificateur de la caution.

CHAPITRE 2. GARANTIE ET CONTRE-GARANTIE AUTONOMES

Article 39. La garantie autonome est l'engagement par lequel le garant s'oblige, en considération d'une obligation souscrite par le donneur d'ordre et sur instructions de ce donneur d'ordre, à payer une somme déterminée au bénéficiaire, soit sur première demande de la part de ce dernier, soit selon des modalités convenues. La contre-garantie autonome est l'engagement par lequel le contre-garant s'oblige, en considération d'une obligation souscrite par le donneur d'ordre et sur instructions de ce donneur d'ordre, à payer une somme déterminée au garant, soit sur première demande de la part de ce dernier, soit selon des modalités convenues.

Section 1. Formation des garanties et contre-garantie autonomes

Article 40. Les garanties et contre-garantie autonomes ne peuvent être souscrites par les personnes physiques sous peine de nullité. Elles créent des engagements autonomes, distincts des conventions, actes et faits susceptibles d'en constituer la base.

Article 41. Les garanties et contre-garantie autonomes ne se présument pas. Elles doivent être constatées par un écrit mentionnant, à peine de nullité :

– la dénomination de garantie ou de contre-garantie autonome ;
– le nom du donneur d'ordre ;
– le nom du bénéficiaire ;
– le nom du garant ou du contre-garant ;
– la convention de base, l'acte ou le fait, en considération desquels la garantie ou la contre-garantie autonome est émise ;
– le montant maximum de la garantie ou de la contre-garantie autonome ;
– la date ou le fait entraînant l'expiration de la garantie ;
– les conditions de la demande de paiement, s'il y a lieu ;
– l'impossibilité, pour le garant ou le contre-garant, de bénéficier des exceptions de la caution.

Section 2. Effets des garanties et contre-garantie autonomes

Article 42. Sauf clause ou convention contraire expresse, le droit à garantie du bénéficiaire n'est pas cessible. Toutefois, l'incessibilité du droit à garantie n'affecte pas le droit du bénéficiaire de céder tout montant auquel il aurait droit à la suite de la présentation d'une demande conforme au titre de la garantie.

Article 43. Les garantie et contre-garantie autonomes prennent effet à la date où elles sont émises sauf stipulation d'une prise d'effet à une date ultérieure.

Les instructions du donneur d'ordre, la garantie et la contre-garantie autonomes sont irrévocables dans le cas d'une garantie ou d'une contre-garantie autonome à durée déterminée. Les garanties ou contre-garanties autonomes à durée indéterminée peuvent être révoquées par le garant ou le contre-garant respectivement.

Article 44. Le garant et le contre-garant ne sont obligés qu'à concurrence de la somme stipulée dans la garantie ou la contre-garantie autonome sous déduction des paiements antérieurs faits respectivement par le garant ou le contre-garant conformément aux termes de leur engagement. Les garantie et contre-garantie autonomes peuvent stipuler que le montant de l'engagement sera réduit d'un montant déterminé ou déterminable à des dates précisées ou contre présentation au garant ou au contre-garant de documents indiqués à cette fin dans l'engagement.

Article 45. La demande de paiement au titre de la garantie autonome doit résulter d'un écrit du bénéficiaire accompagné de tout autre document prévu dans la garantie. Cette demande doit indiquer le manquement reproché au donneur d'ordre dans l'exécution de l'obligation en considération de laquelle la garantie a été souscrite. La demande de paiement au titre de la contre-garantie autonome doit résulter d'un écrit du garant mentionnant que le garant a reçu une demande de paiement émanant du bénéficiaire et conforme aux stipulations de la garantie.

Toute demande de paiement doit être conforme aux termes de la garantie ou de la contre-garantie autonome au titre de laquelle elle est effectuée et doit, sauf clause contraire, être présentée au lieu d'émission de la garantie autonome ou, en cas de contre-garantie, au lieu d'émission de la contre-garantie autonome.

Article 46. Le garant et le contre-garant disposent chacun de cinq jours ouvrés pour examiner la conformité de la demande en paiement aux termes de la garantie ou de la contre-garantie autonome. Ils ne peuvent rejeter la demande qu'à la condition de notifier au bénéficiaire ou, en cas de contre-garantie, au garant, au plus tard à l'expiration de ce délai, l'ensemble des irrégularités qui motivent ce rejet. Le garant doit transmettre une copie de la demande du bénéficiaire et tous documents accompagnant celle-ci au donneur d'ordre ou, en cas de contre-garantie, au contre-garant, à charge pour ce dernier de les transmettre au donneur d'ordre. Le garant doit aviser le donneur d'ordre ou, en cas de contre-garantie, le contre-garant, qui en avisera le donneur d'ordre, de toute réduction du montant de la garantie et de tout acte ou événement mettant fin à celle-ci autre qu'une date de fin de validité.

Article 47. Le donneur d'ordre ne peut faire défense de payer au garant que si la demande de paiement du bénéficiaire est manifestement abusive ou frauduleuse. Le contre-garant dispose à l'encontre du garant de la même faculté dans les mêmes conditions. Le donneur d'ordre ne peut faire défense de payer au contre-garant que si le garant savait ou aurait dû savoir que la demande de paiement du bénéficiaire avait un caractère manifestement abusif ou frauduleux.

Article 48. Le garant ou le contre-garant qui a fait un paiement conformément aux termes de la garantie ou de la contre-garantie autonome dispose des mêmes recours que la caution contre le donneur d'ordre.

Article 49. La garantie ou la contre-garantie autonome cesse :

– soit au jour calendaire spécifié ou à l'expiration du délai prévu ;

– soit à la présentation au garant ou au contre-garant des documents libératoires spécifiés dans la garantie ou la contre-garantie autonome ;

– soit sur déclaration écrite du bénéficiaire libérant le garant de son obligation au titre de la garantie autonome ou déclaration écrite du garant libérant le contre-garant de son obligation au titre de la contre-garantie autonome.

[illegible]

Article 45 [illegible]

[illegible]

Article 46 [illegible]

[illegible]

TITRE 2. LES SÛRETÉS MOBILIÈRES

Article 50. Les sûretés mobilières sont : le droit de rétention, la propriété retenue ou cédée à titre de garantie, le gage de meubles corporels, le nantissement de meubles incorporels et les privilèges. Sauf disposition contraire, les sûretés mobilières soumises à publicité font l'objet d'une inscription au Registre du commerce et du crédit mobilier conformément aux dispositions du chapitre 1 du présent titre.

CHAPITRE 1. L'INSCRIPTION DES SÛRETÉS MOBILIÈRES AU REGISTRE DU COMMERCE ET DU CRÉDIT MOBILIER

Article 51. L'inscription des privilèges généraux du Trésor, de l'Administration des douanes et des Institutions de Sécurité sociale est effectuée à la diligence du comptable public de l'administration créancière.

Article 52. L'inscription a lieu au Registre du commerce et du crédit mobilier dans le respect des règles de compétence territoriale ci-après :

– le Registre du commerce et du crédit mobilier compétent pour recevoir l'inscription des sûretés mobilières est celui dans le ressort duquel est immatriculé le constituant de la sûreté ou, s'il n'est pas soumis à l'obligation d'immatriculation, celui dans le ressort duquel est situé, selon de cas, le siège ou le domicile du constituant ;

– le Registre du commerce et du crédit mobilier compétent pour recevoir l'inscription des nantissements de créance ou des cessions de créance à titre de garantie est celui dans le ressort duquel est immatriculé le débiteur de cette créance ou, s'il n'est pas soumis à l'obligation d'immatriculation, celui dans le ressort duquel est situé, selon le cas, le siège ou le domicile de ce débiteur ;

– le Registre du commerce et du crédit mobilier compétent pour recevoir l'inscription du nantissement des droits d'associés et des valeurs mobilières d'une société commerciale ou d'une personne morale assujettie à l'immatriculation est celui dans le ressort duquel est immatriculée cette société ou cette personne morale ;

– le Registre du commerce et du crédit mobilier compétent pour recevoir l'inscription du nantissement de fonds de commerce et du privilège du vendeur de fonds de commerce est celui dans le ressort duquel est immatriculée la personne physique ou morale propriétaire du fonds ;

– le Registre du commerce et du crédit mobilier compétent pour recevoir l'inscription des privilèges généraux du Trésor, de l'Administration des douanes et des Institutions de Sécurité sociale est celui dans le ressort duquel est immatriculé le redevable ou, s'il n'est pas soumis à l'obligation d'immatriculation, celui dans le ressort duquel est situé, selon le cas, le siège ou le domicile du redevable. Les règles de compétence relatives à l'inscription des sûretés concernant l'entreprenant sont les mêmes que celles applicables à l'assujetti à l'immatriculation.

Article 53. Aux fins d'inscription, le créancier, l'agent des sûretés, le constituant ou le cas échéant le comptable public, présente au Greffe chargé de la tenue du Registre du commerce et du crédit mobilier, ou à l'organe compétent dans l'État Partie, un formulaire d'inscription portant mention :

a) des noms, prénoms, dénomination sociale, domicile ou siège social et s'il y a lieu, les coordonnées électroniques et le numéro d'immatriculation ou de déclaration d'activité, du créancier ou de l'agent des sûretés, du débiteur de la créance garantie et du constituant s'il n'est pas ce débiteur ;
b) de la nature et de la date du titre générateur de la sûreté ;
c) le cas échéant, de la durée de l'inscription convenue par les parties ;
d) du montant maximum de la créance garantie comprenant le principal, les intérêts et autres accessoires, de la date de son exigibilité et de l'existence d'un pacte commissoire. Pour les créances futures, le formulaire mentionne les éléments permettant de les déterminer ;
e) le cas échéant, de la faculté pour le constituant d'aliéner les biens fongibles grevés par la sûreté dans les conditions prévues par l'article 102 du présent Acte uniforme ;
f) de la désignation du bien grevé avec l'indication des éléments permettant de l'identifier, notamment sa nature, son lieu de situation et, le cas échéant, sa marque ou son numéro de série, ou, lorsqu'il s'agit d'un ensemble de biens présents ou futurs, leur nature, qualité, quantité ou valeur. Lorsque la sûreté a pour objet une créance ou un ensemble de créances, actuelles ou futures, la désignation du ou des biens grevés requiert l'indication des éléments de nature à permettre l'individualisation de cette ou de ces créances, tels que l'indication du débiteur, le lieu de paiement, le montant des créances ou leur évaluation et leur échéance.
En cas de nantissement des droits d'associés et valeurs mobilières d'une société commerciale et ceux cessibles de toute autre personne morale, le formulaire porte, en outre, mention du numéro d'immatriculation de la société dont les droits d'associés et valeurs mobilières font l'objet de ce nantissement. En cas de nantissement ou de vente d'un fonds de commerce, le formulaire requérant l'inscription du nantissement ou du privilège du vendeur porte, en outre, mention du numéro d'immatriculation ou de déclaration d'activité de la personne physique ou morale, propriétaire ou exploitant du fonds sur lequel est requise l'inscription du nantissement ou du privilège du vendeur.
Article 54. Après avoir vérifié que le formulaire d'inscription comporte bien les mentions obligatoires exigées par l'article 53 du présent Acte uniforme, le greffier de la juridiction chargée de la tenue du Registre du commerce et du crédit mobilier, ou le responsable de l'organe compétent dans l'État Partie, procède immédiatement au requérant un accusé d'inscription avec mention de la date, de la désignation de la formalité effectuée et du numéro d'ordre porté au registre chronologique des dépôts. L'inscription ou le refus d'inscription est également notifié par le Greffe, ou par l'organe compétent dans l'État Partie, au débiteur ou au constituant de la sûreté s'il n'est pas le débiteur. Cette inscription ou ce refus d'inscription peut, dans un délai de huit jours à compter de sa notification, faire l'objet d'un recours du débiteur ou du constituant selon le cas, devant la juridiction compétente, ou devant

l'autorité compétente dans l'État Partie, statuant à bref délai. La décision rendue en application des alinéas 1 et 2 du présent article est susceptible de recours, dans un délai de quinze jours à compter de sa notification, devant la juridiction de recours compétente statuant à bref délai.

Article 55. À défaut de notification du rejet au requérant, le greffier, ou le responsable de l'organe compétent dans l'État Partie, doit sans délai :

1°) faire mention de l'inscription du dossier individuel ouvert au nom de la personne physique ou morale contre laquelle est prise l'inscription ;
2°) classer audit dossier le formulaire de la déclaration, avec mention de la date d'inscription et de son numéro d'ordre ;
3°) notifier l'inscription au fichier national du Registre du commerce et du crédit mobilier en lui transmettant une copie du formulaire d'inscription et un extrait du dossier individuel ouvert au nom de la personne contre laquelle est prise l'inscription.

Article 56. Dans le cas d'un nantissement des droits d'associés et valeurs mobilières d'une société commerciale et ceux cessibles de toute autre personne morale, le greffier, ou le responsable de l'organe compétent dans l'État Partie, doit, en outre, faire mention de l'inscription du dossier individuel ouvert au nom de la société ou de la personne morale dont les droits d'associés et valeurs mobilières sont concernés par l'inscription de nantissement.

Article 57. L'inscription régulièrement prise d'une sûreté mobilière soumise à publicité est opposable aux tiers à la date de son inscription au registre chronologique des dépôts du Registre du commerce et du crédit mobilier. Si les inscriptions de sûretés concurrentes grevant un même bien sont requises le même jour, celle qui est requise en vertu du titre dont la date est la plus ancienne est réputée avoir été inscrite en premier, quel que soit l'ordre du registre susvisé. Si les inscriptions de sûretés concurrentes grevant un même bien sont requises le même jour en vertu de titres ayant la même date, les sûretés sont réputées de même rang à l'exception des cessions à titre de garantie et réserves de propriété qui sont alors réputées inscrites avant les autres sûretés dont l'inscription a été requise le même jour, quel que soit l'ordre du registre susvisé.

Si les inscriptions d'une réserve de propriété et d'une cession à titre de garantie ayant pour objet un même bien sont requises le même jour, la réserve de propriété est réputée avoir été inscrite en premier, quel que soit l'ordre du registre susvisé. Si les inscriptions de cessions à titre de garantie ayant pour objet un même bien sont requises le même jour en vertu de titre ayant la même date, ce bien sera réputé appartenir à ces créanciers à proportion du montant de leur créance, quel que soit l'ordre du registre susvisé.

Article 58. L'inscription des privilèges généraux du Trésor, de l'Administration des douanes et des Institutions de Sécurité sociale conserve les droits du créancier pendant une durée de trois ans à compter de sa date. Pour les autres sûretés mobilières soumises à publicité, les parties peuvent convenir de la durée de validité de l'inscription au Registre du commerce et du crédit mobilier dans l'acte constitutif de ladite sûreté mobilière sans que cette durée puisse dépasser dix années à compter de l'inscription. Si l'inscription n'a pas été renouvelée avant l'expiration du délai pendant lequel elle produit effet, elle est alors périmée et radiée d'office par le Greffe ou par l'organe compétent dans l'État Partie. L'inscription garantit, au même rang que le principal, deux années d'intérêt.

Article 59. Le renouvellement d'une inscription s'effectue dans les mêmes conditions que l'inscription initiale. Le renouvellement, valablement effectué, est opposable aux tiers à compter de la date de son inscription sur le registre chronologique des dépôts du Registre du commerce et du crédit mobilier. Intervenu avant l'expiration du délai pendant lequel l'inscription initiale produit effet, il permet au requérant de conserver le bénéfice de celle-ci. Un certificat de renouvellement mentionnant la date de son inscription et son numéro d'ordre sur le registre chronologique des dépôts du Registre du commerce et du crédit mobilier est immédiatement transmis au requérant.

Article 60. Toute modification de l'inscription initiale au Registre du commerce et du crédit mobilier par subrogation conventionnelle dans le bénéfice de la sûreté ou cession d'antériorité n'a d'effet que si elle est inscrite en marge de l'inscription initiale.

Toute modification conventionnelle ou judiciaire de l'assiette de la sûreté ou de la créance garantie fait l'objet d'une inscription modificative dans les conditions et formes prévues pour l'inscription initiale.

Article 61. La personne physique ou morale contre laquelle a été prise une ou plusieurs inscriptions énoncées au présent Titre peut, à tout moment, saisir la juridiction compétente, ou l'autorité compétente dans l'État Partie, d'une demande visant à obtenir la mainlevée, la modification ou le cantonnement de l'inscription. La juridiction compétente, ou l'autorité compétente dans l'État Partie, peut, en tout état de cause et avant même d'avoir statué au fond, donner mainlevée totale ou partielle de l'inscription si le requérant justifie de motifs sérieux et légitimes.

Article 62. Toute radiation partielle ou totale de l'inscription au Registre du commerce et du crédit mobilier n'a effet que si elle est inscrite en marge de l'inscription initiale.

Article 63. La radiation judiciaire d'une inscription est ordonnée par la juridiction compétente ou par l'autorité compétente dans l'État Partie.

Article 64. La radiation conventionnelle ne peut être opérée que sur dépôt ou transmission électronique d'un acte authentique ou sous seing privé de consentement à la radiation, donné par le créancier ou son cessionnaire régulièrement subrogé et justifiant de ses droits, ainsi que d'un formulaire portant mention :

1°) des nom, prénom, dénomination sociale, domicile ou siège social, ainsi que, le cas échéant, le numéro d'immatriculation de la personne physique ou morale contre laquelle avait été requise l'inscription, ou en cas d'inscription portant sur des droits d'associés et valeurs mobilières, le numéro d'immatriculation de la personne morale dont les droits d'associés et valeurs mobilières font l'objet de cette inscription ;

2°) de la nature et de la date du ou des actes déposés.

La radiation sera inscrite au Registre du commerce et du crédit mobilier, après vérification de la conformité du formulaire avec l'acte présenté. Il sera délivré un certificat de radiation à toute personne qui en fera la demande.
Article 65. Toute inscription de sûreté mobilière, effectuée par fraude, ou portant des inscriptions inexactes données de mauvaise foi, est punie des peines prévues par la loi pénale nationale. La juridiction compétente, ou l'autorité compétente dans l'État Partie, en prononçant la condamnation, peut ordonner la rectification de la mention inexacte dans les termes qu'elle détermine.
Article 66. Toute demande d'information doit être établie sur un formulaire mis à disposition à cet effet par le Registre du commerce et du crédit mobilier. À toute demande d'information formulée en application de l'alinéa précédent, le greffier, ou le responsable de l'organe compétent dans l'État Partie, doit répondre immédiatement, ou au plus tard dans un délai de deux jours ouvrés à compter de la réception de la demande au Registre du commerce et du crédit mobilier, en délivrant au demandeur, soit un certificat attestant qu'aucune inscription n'a été prise, soit un état général des inscriptions existantes avec leurs mentions marginales, soit un ou des états particuliers lorsque la demande ne concerne qu'un bien ou une catégorie de bien appartenant au débiteur ou au constituant. Toute inscription, modification ou radiation non conforme aux prescriptions de la loi ainsi que toute délivrance d'extraits incomplets ou erronés engagent, selon le cas, la responsabilité du greffier ou du responsable de l'organe compétent dans l'État Partie.

CHAPITRE 2. LE DROIT DE RÉTENTION

Article 67. Le créancier qui détient légitimement un bien mobilier de son débiteur peut le retenir jusqu'au complet paiement de ce qui lui est dû, indépendamment de toute autre sûreté sous réserve de l'application de l'article 107 alinéa 2, du présent Acte uniforme.

Article 68. Le droit de rétention ne peut s'exercer que :

– si la créance du rétenteur est certaine, liquide et exigible ;

– s'il existe un lien de connexité entre la naissance de la créance et la détention de la chose retenue ;

– et si le bien n'a pas été saisi avant d'être détenu par le rétenteur.

Article 69. La connexité est réputée établie :

1°) lorsque la chose retenue a été remise jusqu'au complet paiement de la créance du rétenteur ;

2°) lorsque la créance impayée résulte du contrat qui oblige le rétenteur à livrer la chose retenue ;

3°) lorsque la créance impayée est née à l'occasion de la détention de la chose retenue.

Article 70. Le créancier a l'obligation de conserver le bien retenu en bon état. Par dérogation à l'alinéa précédent, il peut faire procéder, sur autorisation de la juridiction compétente statuant à bref délai, à la vente de ce bien si l'état ou la nature périssable de ce dernier le justifie ou si les frais occasionnés par sa garde sont hors de proportion avec sa valeur. Dans ce cas, le droit de rétention se reporte sur le prix de vente qui doit être consigné.

CHAPITRE 3. LA PROPRIÉTÉ RETENUE OU CÉDÉE À TITRE DE GARANTIE

Article 71. La propriété d'un bien mobilier peut être retenue en garantie d'une obligation par l'effet d'une clause de réserve de propriété. Elle peut aussi être cédée en garantie d'une obligation aux conditions prévues par le présent Chapitre.

Section 1. La réserve de propriété

Article 72. La propriété d'un bien mobilier peut être retenue en garantie par l'effet d'une clause de réserve de propriété qui suspend l'effet translatif d'un contrat jusqu'au complet paiement de l'obligation qui en constitue la contrepartie.

Article 73. À peine de nullité, la réserve de propriété est convenue par écrit au plus tard au jour de la livraison du bien. Elle peut l'être dans un écrit régissant un ensemble d'opérations présentes ou à venir entre les parties.

Article 74. La réserve de propriété n'est opposable aux tiers que si celle-ci a été régulièrement publiée au Registre du commerce et du crédit mobilier, conformément aux dispositions des articles 51 à 66 du présent Acte uniforme.

Article 75. La propriété réservée d'un bien fongible peut s'exercer, à concurrence de la créance restant due, sur des biens de même espèce et de même qualité détenus par le débiteur ou pour son compte.

Article 76. L'inscription d'un meuble faisant l'objet d'une réserve de propriété à un autre bien ne fait pas obstacle aux droits du créancier lorsque ces biens peuvent être séparés sans subir de dommage. À défaut, le tout appartient au propriétaire de la chose qui forme la partie principale, à charge pour lui de payer à l'autre la valeur, estimée à la date du paiement, de la chose qui y a été unie.

Article 77. À défaut de complet paiement à l'échéance, le créancier peut demander la restitution du bien afin de recouvrer le droit d'en disposer. La valeur du bien repris est imputée, à titre de paiement, sur le solde de la créance garantie. Lorsque la valeur du bien repris excède le montant de ce solde, le créancier doit au débiteur une somme égale à la différence. Toute clause contraire aux alinéas 2 et 3 du présent article est réputée non écrite.

Article 78. Lorsque le bien est vendu ou détruit, le droit de propriété se reporte, selon le cas, sur la créance du débiteur à l'égard du sous-acquéreur ou sur l'indemnité d'assurance subrogée au bien.

Section 2. La propriété cédée à titre de garantie

Article 79. La propriété d'un bien, actuel ou futur, ou d'un ensemble de biens, peut être cédée en garantie du paiement d'une dette, actuelle ou future, ou d'un ensemble de dettes sur conditions prévues par la présente section.

Sous-section 1. La cession de créance à titre de garantie

Article 80. Une créance détenue sur un tiers peut être cédée à titre de garantie de tout crédit consenti par une personne morale nationale ou étrangère, faisant à titre de profession habituelle et pour son compte des opérations de banque ou de crédit. L'incessibilité de la créance ne peut être opposée au cessionnaire par le débiteur cédé lorsqu'elle est de source conventionnelle et que la créance est née en raison de l'exercice de la profession du débiteur cédé ou se trouve en rapport direct avec l'une de ses activités professionnelles, même si celle-ci n'est pas principale.

Article 81. La cession de créance à titre de garantie doit être constatée dans un écrit comportant à peine de nullité, les énonciations suivantes :

1°) le nom ou la dénomination sociale du cédant et du cessionnaire ;

2°) la date de la cession ;

3°) et la désignation des créances garanties et des créances cédées.

Si ces créances sont futures, l'acte doit permettre leur individualisation ou contenir des éléments permettant celle-ci tels que l'indication du débiteur, le lieu de paiement, le montant des créances ou leur évaluation et, s'il y a lieu, leur échéance.

Article 82. À la date de sa conclusion, le contrat de cession d'une créance, présente ou future, à titre de garantie, prend immédiatement effet entre les parties, quelle que soit la date de naissance, d'échéance ou d'exigibilité de la créance cédée et devient opposable aux tiers à compter de son inscription au Registre du commerce et du crédit mobilier, et ce, quelles que soient la loi applicable à la créance et la loi du pays de résidence de son débiteur. À compter de la date de la cession, le cédant ne peut, sans l'accord du cessionnaire, modifier l'étendue des droits attachés à la créance cédée.

Article 83. À moins que les parties n'en conviennent autrement, la cession s'étend aux accessoires de la créance et entraîne de plein droit leur transfert et son opposabilité aux tiers sans autre formalité que celle énoncée à l'article précédent.

Article 84. Pour être opposable au débiteur de la créance cédée, la cession de créance doit lui être notifiée ou ce dernier doit intervenir à l'acte. À défaut, le cédant reçoit valablement paiement de la créance.

Article 85. Lorsque le débiteur de la créance cédée est un débiteur professionnel au sens de l'article 3 du présent Acte uniforme, celui-ci peut, à la demande du cessionnaire, s'engager à le payer directement en acceptant la cession. Dans ce cas, le débiteur ne peut opposer au cessionnaire les exceptions fondées sur ses rapports personnels avec le cédant, à moins que le cessionnaire, en acquérant ou en recevant la créance, n'ait agi sciemment au détriment du débiteur. À peine de nullité, cet engagement est constaté par un écrit intitulé « Acte d'acceptation d'une cession de créance à titre de garantie » et reproduisant en caractères suffisamment apparents les dispositions du présent article.

Article 86. Les sommes payées au cessionnaire au titre de la créance cédée s'imputent sur la créance garantie lorsqu'elle est échue. Le surplus s'il y a lieu est restitué au cédant. Toute clause contraire est réputée non écrite.

Sous-section 2. Le transfert fiduciaire d'une somme d'argent

Article 87. Le transfert fiduciaire d'une somme d'argent est la convention par laquelle un constituant cède des fonds en garantie de l'exécution d'une obligation. Ces fonds doivent être inscrits sur un compte bloqué, ouvert au nom du créancier de cette obligation, dans les livres d'un établissement de crédit habilité à les recevoir.

Article 88. À peine de nullité, la convention détermine la ou les créances garanties, ainsi que le montant des fonds à titre de garantie, et identifie le compte bloqué.

Article 89. Le transfert fiduciaire devient opposable aux tiers à la date de sa notification à l'établissement teneur du compte, pourvu que les fonds soient inscrits sur le compte bloqué.

Article 90. Si les fonds cédés produisent intérêts, ces derniers sont portés au crédit du compte sauf convention contraire.

Article 91. À l'échéance et en cas de complet paiement de la créance garantie, les fonds inscrits sur le compte sont restitués au constituant. En cas de défaillance du débiteur et huit jours après que le constituant en a été dûment averti, le créancier peut se faire remettre les fonds cédés dans la limite du montant des créances garanties demeurant impayées. Toute clause contraire au présent article est réputée non écrite.

CHAPITRE 4. LE GAGE DE MEUBLES CORPORELS

Article 92. Le gage est le contrat par lequel le constituant accorde à un créancier le droit de se faire payer par préférence sur un bien meuble corporel ou un ensemble de biens meubles corporels, présents ou futurs.

Section 1. La constitution du gage

Article 93. Le gage peut être constitué en garantie d'une ou de plusieurs créances présentes ou futures, à condition que celles-ci soient déterminées ou déterminables.

Article 94. Les parties peuvent convenir de la subrogation, en cours d'exécution du contrat de chose gagée par une autre chose. Le gage peut également porter sur des sommes ou des valeurs déposées à titre de consignation par les fonctionnaires, les officiers ministériels ou toute autre personne pour garantir les abus dont ils pourraient être responsables et les prêts consentis pour la constitution de cette consignation.

Article 95. Le constituant d'un gage de biens présents doit être propriétaire de la chose gagée. S'il ne l'est pas, le créancier gagiste peut s'opposer à la revendication du propriétaire dans les conditions prévues pour possesseur de bonne foi.

Article 96. À peine de nullité, le contrat de gage doit être constaté dans un écrit contenant la désignation de la dette garantie, la quantité des biens donnés en gage ainsi que leur espèce ou leur nature. Lorsque le gage porte sur un bien ou un ensemble de biens futurs, le droit du créancier s'exerce sur le bien gagé aussitôt que le constituant en acquiert la propriété, sauf convention contraire.

Article 97. Le contrat de gage est opposable aux tiers, soit par l'inscription au Registre du commerce et du crédit mobilier, soit par la remise du bien gagé entre les mains du créancier gagiste ou d'un tiers convenu entre les parties. Lorsque le gage a été régulièrement publié, les ayants cause à titre particulier du constituant ne peuvent être regardés comme des possesseurs de bonne foi et le créancier gagiste peut exercer son droit de suite à leur encontre.

Article 98. Sauf clause contraire, le constituant ne peut exiger la radiation de l'inscription ou la restitution du bien gagé qu'après paiement intégral de la dette garantie en principal, intérêts et autres accessoires.

Section 2. L'effet du gage

Article 99. Lorsque le gage est constitué avec dépossession, le créancier gagiste peut, sous réserve de l'application de l'article 107, alinéa 2 du présent Acte uniforme, opposer son droit de rétention sur le bien gagé, directement ou par l'intermédiaire du tiers convenu, jusqu'au paiement intégral en principal, intérêts et autres accessoires, de la dette garantie.
Article 100. S'il a été dessaisi contre sa volonté, le créancier peut revendiquer la chose gagée comme un possesseur de bonne foi.
Article 101. Lorsque le gage avec dépossession a pour objet des choses fongibles, le créancier doit, sauf clause contraire, les tenir ou les faire tenir séparées des choses de même nature détenues par lui ou le tiers convenu. À défaut, le constituant peut réclamer la restitution du bien gagé, sans préjudice de dommages-intérêts. Lorsque la convention dispense le créancier de cette obligation, il acquiert la propriété des choses gagées à charge de restituer la même quantité de choses équivalentes. En cas d'entiercement, la propriété ainsi acquise par le créancier peut s'exercer sur des biens de même espèce et de même qualité détenus par le tiers convenu.
Article 102. Lorsque le gage sans dépossession a pour objet des choses fongibles, le contrat de gage peut permettre au constituant de les aliéner à charge de les remplacer par la même quantité de choses équivalentes. Cette autorisation donnée au constituant vaut renonciation par le créancier à l'exercice de son droit de suite à l'encontre du tiers acquéreur de ces biens.
Article 103. Sauf stipulation contraire, le créancier gagiste ne peut user de la chose gagée ni en percevoir les fruits. S'il est autorisé à percevoir les fruits, il doit les imputer sur ce qui lui est dû en intérêts ou, à défaut, sur le capital de la dette.
Article 104. Faute de paiement à l'échéance, le créancier gagiste muni d'un titre exécutoire peut faire procéder à la vente forcée de la chose gagée, huit jours après une sommation faite au débiteur et, s'il y a lieu, au tiers constituant du gage dans les conditions prévues par les dispositions organisant les voies d'exécution auxquelles le contrat de gage ne peut déroger. Dans ce cas, il exerce son droit de préférence sur le prix de la chose vendue, dans les conditions de l'article 226 du présent Acte uniforme. Le créancier peut aussi faire ordonner par la juridiction compétente que le bien gagé lui sera attribué en paiement jusqu'à due concurrence du solde de sa créance et d'après estimation suivant les cours ou à dire d'expert. Si le bien gagé est une somme d'argent ou un bien dont la valeur fait l'objet d'une cotation officielle, les parties peuvent convenir que la propriété du bien gagé sera attribuée au créancier gagiste en cas de défaut de paiement. Il en va de même pour les autres meubles corporels lorsque le débiteur de la dette garantie est un débiteur professionnel. En ce cas, le bien gagé doit être estimé au jour du transfert par un expert désigné à l'amiable ou judiciairement, toute clause contraire étant réputée non écrite.

Article 105. En cas d'attribution judiciaire ou conventionnelle, lorsque la valeur du bien excède le montant qui lui est dû, le créancier gagiste doit consigner une somme égale à la différence s'il existe d'autres créanciers bénéficiant d'un gage sur le même bien ou, à défaut, verser cette somme au constituant. Toute clause contraire est réputée non écrite.
Article 106. En cas de perte ou de détérioration totale ou partielle de la chose gagée qui ne serait pas de son fait, le créancier gagiste exerce son droit de préférence sur l'indemnité d'assurance, s'il y a lieu, pour le montant de la créance garantie en principal, intérêts et autres accessoires, dans le respect des dispositions de l'article 226 du présent Acte uniforme.
Article 107. Lorsqu'un même bien fait l'objet de plusieurs gages successifs sans dépossession, le rang des créanciers est déterminé par l'ordre de leur inscription. Lorsqu'un bien donné en gage avec dépossession fait ultérieurement l'objet d'un gage sans dépossession, le droit de préférence du créancier gagiste antérieur est opposable au créancier gagiste postérieur qui ne pourra prétendre exercer ses droits sur le bien, tant que le créancier antérieur n'aura pas été entièrement payé.
Article 108. Lorsque le gage est constitué avec dépossession, le créancier gagiste ou le tiers convenu doit veiller sur la chose et en assurer la conservation comme le doit un dépositaire rémunéré. De même, lorsque le constituant est resté en possession du bien gagé, il doit le conserver en bon père de famille et, notamment, l'assurer contre les risques de perte et de détérioration totale ou partielle.
Article 109. De même, lorsque le constituant est resté en possession, le constituant peut réclamer la restitution du bien gagé, sans préjudice de dommages-intérêts, si le créancier ou le tiers convenu ne satisfait pas à son obligation de conservation du bien gagé. Lorsque le gage est constitué sans dépossession, le créancier peut se prévaloir de la déchéance du terme de la dette garantie ou solliciter un complément de gage si le constituant ne satisfait pas à son obligation de conservation du gage.
Article 110. Si le gage, quelles qu'en soient les modalités, a pour objet un ensemble de biens fongibles, le créancier peut exiger du constituant, à peine de déchéance du terme, qu'il en maintienne la valeur. Le créancier peut, à tout moment et aux frais du débiteur, obtenir du constituant ou du tiers convenu un état de l'ensemble des biens gagés ainsi que la comptabilité de toutes les opérations le concernant. Si le constituant de la sûreté a donné lieu à l'émission d'un bordereau de gage de stocks, l'établissement domiciliataire du bordereau a également ce pouvoir. Est considéré comme établissement domiciliataire au sens du présent Acte uniforme, tout établissement habilité à recevoir des dépôts du public.
Article 111. Lorsqu'un bien objet d'un gage avec dépossession menace de périr, le créancier gagiste ou le tiers convenu peut faire vendre, sous sa responsabilité, le bien gagé sur autorisation notifiée au constituant de la

juridiction compétente saisie sur simple requête. Les effets du gage sont alors reportés sur le prix.

Article 112. Le tiers convenu et, s'il y a lieu, l'acquéreur de mauvaise foi de la chose donnée en gage répondent, solidairement avec le créancier gagiste, de l'inexécution des obligations mentionnées aux articles 103, 108 alinéa 1 et 111 du présent Acte uniforme.

Article 113. Lorsqu'il est entièrement payé du capital, des intérêts et autres accessoires, le créancier gagiste restitue la chose avec tous ses accessoires. Le constituant doit alors rembourser au créancier gagiste ou au tiers convenu, les dépenses utiles ou nécessaires que celui-ci a faites pour la conservation du gage.

Article 114. Le gage est indivisible nonobstant la divisibilité de la dette envers les héritiers du débiteur ou ceux du créancier. L'héritier du débiteur qui a payé sa part de la dette ne peut remettre la restitution de sa portion dans le gage, celui-ci fut-il divisible par nature, tant que la dette n'est pas entièrement acquittée. L'héritier du créancier qui a reçu sa part de la créance ne peut remettre le gage, celui-ci fut-il divisible, au préjudice des cohéritiers qui ne sont pas payés.

Article 115. La mise en gage de marchandises dont le débiteur peut disposer par bordereau de gage de stocks, connaissement, récépissé de transport ou de douane, est constituée suivant les dispositions propres à chacun de ces titres ou documents.

Section 3. L'extinction du gage

Article 116. Le gage prend fin lorsque l'obligation qu'il garantit est entièrement éteinte, tant en capital, qu'en intérêts et autres accessoires.

Article 117. Le gage avec dépossession disparaît indépendamment de l'obligation garantie si la chose est volontairement restituée au constituant, si elle est perdue par le fait du créancier gagiste, ou lorsque la juridiction compétente en ordonne la restitution pour faute du créancier gagiste, sauf désignation d'un séquestre qui aura la mission d'un tiers convenu.

Section 4. Les dispositions particulières à certains gages

Sous-section 1. Le gage du matériel professionnel et des véhicules automobiles

Article 118. Sans préjudice des dispositions de la présente sous-section, le matériel professionnel et les véhicules automobiles, assujettis ou non à une déclaration de mise en circulation et à immatriculation administrative, peuvent faire l'objet d'un gage en application des dispositions des articles 92 0 117 du présent Acte uniforme. Le matériel professionnel faisant partie

d'un fonds de commerce peut être nanti en même temps que les autres éléments du fonds, conformément aux dispositions des articles 162 à 165 du présent Acte uniforme.
Article 119. En ce qui concerne les véhicules automobiles assujettis à une déclaration de mise en circulation et à immatriculation administrative, le gage doit être mentionné sur le titre administratif portant autorisation de circuler et immatriculation. L'absence de cette mention ne remet pas en cause la validité ou l'opposabilité du gage dûment inscrit au Registre du commerce et du crédit mobilier.

Sous-section 2. Le gage de stocks

Article 120. Sans préjudice des dispositions de la présente sous-section, les matières premières, les produits d'une exploitation agricole ou industrielle, les marchandises peuvent faire l'objet d'un gage en application des dispositions des articles 92 à 117 du présent Acte uniforme.
Article 121. La constitution d'un gage de stocks sans dépossession peut donner lieu à l'émission par le greffier, ou par le responsable de l'organe compétent dans l'État Partie, d'un bordereau de gage de stocks. Dans ce cas, l'acte constitutif du gage doit comporter, à peine de nullité, outre les mentions prévues par l'article 96 du présent Acte uniforme, le nom de l'assureur qui couvre les stocks gagés contre les risques de vol, d'incendie et de détérioration totale ou partielle ainsi que la désignation de l'établissement domiciliataire du bordereau de gage de stocks.
Article 122. Le bordereau remis au débiteur après inscription porte, de façon apparente :
– la mention « gage de stocks » ;
– la date de sa délivrance qui correspond à celle de l'inscription au Registre du commerce et du crédit mobilier ;
– le numéro d'inscription au registre chronologique des dépôts ;
– la signature du débiteur.
Il est remis par le débiteur au créancier par voie d'endossement signé et daté.
Le bordereau peut être endossé et avalisé dans les mêmes conditions qu'un billet à ordre avec les mêmes effets. À défaut de convention contraire, la durée de validité du bordereau est de cinq ans à compter de la date de son émission, sauf renouvellement.
Article 123. L'endossement confère au porteur du bordereau la qualité et les droits d'un créancier gagiste.
Article 124. Le débiteur émetteur du bordereau de gage de stocks conserve le droit de vendre les stocks gagés.
Il ne peut livrer les biens vendus qu'après consignation du prix de l'établissement domiciliataire.

CHAPITRE 5. LE NANTISSEMENT DE MEUBLES INCORPORELS

Article 125. Le nantissement est l'affectation d'un bien meuble incorporel ou d'un ensemble de biens meubles incorporels, présents ou futurs, en garantie d'une ou plusieurs créances, présentes ou futures, à condition que celles-ci soient déterminées ou déterminables. Il est conventionnel ou judiciaire.

Article 126. Peuvent notamment être nantis :
- les créances ;
- le compte bancaire ;
- les droits d'associés, les valeurs mobilières et le compte de titres financiers ;
- le fonds de commerce ;
- les droits de propriété intellectuelle.

Section 1. Le nantissement de créance

Article 127. À peine de nullité, le nantissement de créance doit être constaté dans un écrit contenant la désignation des créances garanties et des créances nanties ou, si elles sont futures, les éléments de nature à permettre leur individualisation, tels que l'indication du débiteur, le lieu de paiement, le montant des créances ou leur évaluation et leur échéance.

Article 128. Lorsque le nantissement a pour objet une créance future, le créancier nanti acquiert un droit sur la créance dès la naissance de celle-ci.

Article 129. Le nantissement de créance peut porter sur une fraction de créance, sauf si elle est indivisible.

Article 130. Le nantissement s'étend aux accessoires de la créance nantie, à moins que les parties n'en conviennent autrement.

Article 131. À la date de sa conclusion, le nantissement d'une créance, présente ou future, prend effet entre les parties, quelle que soit la date de naissance, d'échéance ou d'exigibilité de la créance nantie et devient opposable aux tiers à compter de son inscription au Registre du commerce et du crédit mobilier, et ce, quelles que soient la loi applicable à la créance et la loi du pays de résidence de son débiteur.

Article 132. Pour être opposable au débiteur de la créance nantie, le nantissement de créance doit lui être notifié par écrit ou ce dernier doit intervenir à l'acte. À défaut, seul le constituant reçoit valablement paiement de la créance, à charge d'en verser le montant au créancier nanti, sauf stipulation contraire et sous réserve du respect des dispositions de l'article 134 du présent Acte uniforme.

Article 134. Si l'échéance de la créance nantie est antérieure à l'échéance de la créance garantie, le créancier nanti conserve les sommes à titre de garantie sur un compte ouvert auprès d'un établissement habilité à les recevoir, à charge pour lui de les restituer au constituant si l'obligation garantie est exécutée. En cas de défaillance du débiteur de la créance garantie et huit jours après une mise en demeure restée sans effet, le créancier nanti affecte les fonds au remboursement de sa créance, dans la limite des sommes impayées. Si l'échéance de la créance garantie est antérieure à l'échéance de la créance nantie, le créancier peut se faire attribuer, par la juridiction compétente ou dans les conditions prévues par la convention, la créance nantie ainsi que tous les droits qui s'y rattachent. Le créancier nanti peut également attendre l'échéance de la créance nantie. Sauf convention contraire, le créancier nanti perçoit en outre les intérêts en les imputant sur ce qui est dû en capital, intérêts et autres accessoires.
Article 135. S'il a été payé au créancier nanti une somme supérieure à la dette garantie, il répond du surplus reçu en qualité de mandataire du constituant. Toute clause contraire est réputée non écrite.

Section 2. Nantissement de compte bancaire

Article 136. Le nantissement de compte bancaire est un nantissement de créance. Les règles qui régissent celui-ci sont applicables, sous réserve des dispositions de la présente section.
Article 137. Lorsque le nantissement porte sur un compte bancaire, la créance nantie s'entend du solde créditeur, provisoire ou définitif, au jour de la réalisation de la sûreté, sous réserve de la régularisation des opérations en cours, selon les modalités prévues par l'Acte uniforme portant organisation des procédures simplifiées de recouvrement et des voies d'exécution en matière de saisie-attribution des créances pratiquée entre les mains d'un établissement de crédit. Sous cette même réserve, en cas d'ouverture d'une procédure collective à l'encontre du débiteur de la créance garantie, les droits du créancier nanti portent sur le solde créditeur du compte au jour de cette ouverture.
Article 138. Les parties peuvent convenir des conditions dans lesquelles le constituant pourra continuer à disposer des sommes inscrites sur le compte nanti.
Article 139. Même après réalisation, le nantissement de compte bancaire subsiste tant que le compte n'a pas été clôturé et que la créance garantie n'a pas été intégralement payée.

Section 3. Nantissement des droits d'associés, valeurs mobilières et comptes de titres financiers

Sous-section 1. Nantissement des droits d'associés et valeurs mobilières

Article 140. Les droits d'associés et valeurs mobilières des sociétés commerciales et ceux cessibles de toute autre personne morale assujettie à l'immatriculation au Registre du commerce et du crédit mobilier peuvent faire l'objet d'un nantissement conventionnel ou judiciaire.

Article 141. À peine de nullité, le nantissement des droits d'associés et des valeurs mobilières doit être constaté dans un écrit contenant les mentions suivantes :

1°) la désignation du créancier, du débiteur et du constituant du nantissement si celui-ci n'est pas le débiteur ;

2°) le siège social et le numéro d'immatriculation au Registre du commerce et du crédit mobilier de la personne morale émettrice des droits d'associés et valeurs mobilières ;

3°) le nombre ou le moyen de déterminer celui-ci et, le cas échéant, les numéros des titres nantis ;

4°) les éléments permettant l'individualisation de la créance garantie tels que son montant ou son évaluation, sa durée et son échéance.

Article 142. La juridiction compétente peut autoriser le créancier à prendre une inscription de nantissement sur les droits d'associés et valeurs mobilières. Le nantissement judiciaire est régi par les dispositions relatives à la saisie conservatoire des titres sociaux réglementée par les dispositions de l'Acte uniforme portant organisation des procédures simplifiées de recouvrement et des voies d'exécution. La décision de justice doit comporter les mentions prévues par l'article précédent.

Article 143. Sous réserve des dispositions spéciales relatives au droit des sociétés commerciales et des personnes morales concernées, le nantissement conventionnel ou judiciaire n'est opposable aux tiers dans la mesure et selon les conditions prévues par les articles 51 à 66 du présent Acte uniforme que s'il est inscrit au Registre du commerce et du crédit mobilier. L'inscription provisoire et l'inscription définitive doivent être prises, respectivement après la décision autorisant le nantissement et la décision de validation passée en force de chose jugée. Outre l'inscription prévue ci-dessus, le nantissement conventionnel ou judiciaire peut être signifié ou notifié à la société commerciale ou à la personne morale émettrice des droits d'associés et valeurs mobilières ou des titres constatant les droits des associés.

Article 144. Le nantissement des droits d'associés et des valeurs mobilières confère au créancier :

– un droit de suite qu'il exerce conformément aux dispositions de l'article 97 alinéas 2 du présent Acte uniforme ;
– un droit de réalisation qu'il exerce conformément aux dispositions des articles 104 et 105 du présent Acte uniforme ;
– un droit de préférence qu'il exerce conformément aux dispositions de l'article 226 du présent Acte uniforme ;
– le droit de percevoir les fruits des droits sociaux et des valeurs mobilières nanties si les parties en sont convenues.

Article 145. En dehors des avances sur titres soumises aux règles du gage, les institutions financières et les établissements de crédit peuvent, s'ils y sont autorisés par la réglementation applicable, consentir des prêts à trois mois sur valeurs mobilières cotées que le créancier gagiste peut, à défaut de remboursement, faire exécuter en bourse, sans formalité le lendemain de l'échéance.

Sous-section 2. Nantissement de comptes de titres financiers

Article 146. Le nantissement d'un compte de titres financiers est la convention par laquelle le constituant affecte en garantie d'une obligation l'ensemble des valeurs mobilières et autres titres financiers figurant dans ce compte.

Article 147. Le nantissement de comptes de titres financiers est constitué, tant entre les parties qu'à l'égard de la personne morale émettrice et des tiers, par une déclaration datée et signée par le titulaire du compte. La déclaration constitutive du nantissement comporte, à peine de nullité, les mentions suivantes :
1°) la désignation du créancier, du débiteur et du constituant du nantissement ;
2°) le nombre et la nature des titres financiers formant l'assiette initiale du nantissement ;
3°) les éléments permettant l'individualisation de la créance garantie tels que son montant ou son évaluation, sa durée et son échéance ;
4°) les éléments d'identification du compte spécial nanti.

Article 148. Les titres financiers figurant initialement au crédit du compte nanti, ceux qui leur sont substitués ou les complètent de quelque manière que ce soit ainsi que leurs fruits et produits sont compris dans l'assiette du nantissement. Les titres financiers et les sommes en toute monnaie inscrites au crédit du compte nanti postérieurement à la date de la déclaration constitutive du nantissement sont réputés avoir été remis à la date de ladite déclaration. Sur simple demande, le créancier nanti peut obtenir du teneur de compte nanti, une attestation de nantissement de comptes de titres financiers comportant l'inventaire des titres financiers et sommes en toute monnaie inscrites à la date de délivrance de ladite attestation.

Article 149. Le compte nanti prend la forme d'un compte spécial ouvert au nom du titulaire et tenu par la personne morale émettrice ou l'intermédiaire financier.

Article 150. Lorsque le compte est tenu par une personne non autorisée à recevoir des fonds du public, les fruits et produits mentionnés à l'article 148 du présent Acte uniforme sont inscrits au crédit d'un compte spécial ouvert au nom du titulaire du compte nanti dans les livres d'un établissement habilité à recevoir ces fonds. Ce compte spécial est réputé faire partie intégrante du compte nanti à la date de la déclaration de nantissement. Le créancier nanti peut obtenir, sur simple demande au teneur du compte spécial, une attestation comportant l'inventaire des sommes en toute monnaie inscrites au crédit de ce compte à cette date.

Article 151. Le créancier nanti définit avec le titulaire du compte nanti les conditions dans lesquelles ce dernier peut disposer des titres financiers et des sommes en toute monnaie figurant dans ce compte. Le créancier nanti bénéficie en toute hypothèse d'un droit de rétention sur les titres financiers et sommes en toute monnaie figurant au compte nanti.

Lorsque, n'étant pas le teneur du compte nanti, le créancier nanti a autorisé le titulaire du compte à disposer des valeurs mobilières et des sommes en toute monnaie figurant dans le compte nanti, le titulaire du compte et le créancier nanti informent par écrit le teneur de compte des conditions de cette disposition. Le teneur de compte ne peut déroger aux instructions reçues sans l'accord du créancier nanti.

Article 152. Le créancier nanti titulaire d'une créance certaine, liquide et exigible peut, pour les titres financiers ainsi que pour les sommes en toute monnaie figurant sur le compte nanti, réaliser le nantissement huit jours ou à l'échéance de tout autre délai préalablement convenu avec le titulaire du compte après mise en demeure du débiteur remise en mains propres ou adressée par courrier recommandé. Cette mise en demeure du débiteur ainsi qu'au teneur de compte lorsque ce dernier n'est pas le créancier nanti.

Article 153. La mise en demeure prévue à l'article précédent contient, à peine de nullité, la production intégrale des mentions suivantes :

1°) « Faute de paiement, le nantissement pourra être réalisé par le créancier dans les huit jours ou à l'échéance de tout autre délai préalablement convenu avec le titulaire du compte nanti ».

2°) « Le titulaire du compte nanti, jusqu'à l'expiration du délai mentionné ci-dessus, fait connaître au teneur de compte l'ordre dans lequel les sommes ou titres financiers devront être attribués en pleine propriété ou vendues, au choix du créancier ».

Article 154. Dans la limite du montant de la créance garantie et, le cas échéant, dans le respect de l'ordre indiqué par le titulaire du compte nanti, la réalisation du nantissement de ce compte intervient :
1°) pour les sommes en toute monnaie figurant dans le compte nanti, directement par transport en pleine propriété au créancier nanti ;
2°) pour les titres financiers admis aux négociations sur un marché réglementé que le titulaire du compte nanti ou, à défaut, le créancier nanti a désignés, par vente sur un marché réglementé ou attribution en propriété de la quantité déterminée par le créancier nanti. Cette quantité est établie, par le créancier nanti, sur la base du dernier cours de clôture disponible sur un marché réglementé.
Le titulaire du compte nanti supporte tous les frais résultant de la réalisation du nantissement. Ces frais sont imputés sur le montant résultant de cette réalisation.

Article 155. Lorsque, n'étant pas le teneur du compte nanti, le créancier nanti estime réunies les conditions de la réalisation du nantissement, il demande par écrit au teneur de compte de procéder à cette réalisation comme prévue à l'article 154 ci-dessus.

Section 4. Nantissement des droits de propriété intellectuelle

Article 156. Le nantissement des droits de propriété intellectuelle est la convention par laquelle le constituant affecte en garantie d'une obligation tout ou partie de ses droits de propriété intellectuelle existants ou futurs, tels que des brevets d'invention, des marques de fabrique et de commerce, des dessins et modèles. Le nantissement des droits de propriété intellectuelle peut être conventionnel ou judiciaire.

Article 157. À peine de nullité, le nantissement des droits de propriété intellectuelle doit être constaté dans un écrit contenant les mentions suivantes :
1°) la désignation du créancier, du débiteur et du constituant du nantissement si celui-ci n'est pas le débiteur ;
2°) les éléments identifiant ou permettant de déterminer les droits apportés en garantie ;
3°) les éléments permettant l'individualisation de la créance garantie tels que son montant ou son évaluation, sa durée et son échéance.

Article 158. La juridiction compétente peut autoriser le créancier à prendre une inscription de nantissement sur les droits de propriété intellectuelle. Le nantissement judiciaire est régi par les dispositions relatives à la saisie conservatoire des titres sociaux réglementée par les dispositions de l'Acte

uniforme portant organisation des procédures simplifiées de recouvrement et des voies d'exécution.
La décision de justice doit comporter les mentions prévues par l'article précédent.
Article 159. Le nantissement de droits de propriété intellectuelle ne s'étend pas, sauf convention contraire des parties, aux accessoires et aux fruits résultant de l'exploitation du droit de propriété intellectuelle, objet du nantissement.
Article 160. Le nantissement conventionnel ou judiciaire n'est opposable aux tiers dans la mesure et selon les conditions prévues par les articles 51 à 66 du présent Acte uniforme que s'il est inscrit au Registre du commerce et du crédit mobilier. L'inscription provisoire et l'inscription définitive doivent être prises, respectivement, après la décision autorisant le nantissement et la décision de validation passée en force de chose jugée.
Si le nantissement a pour objet un droit inscrit sur l'un des registres régis par la réglementation applicable en matière de propriété intellectuelle, il doit, en outre, être satisfait aux règles de publicité prévues par cette réglementation.

Article 161. Le nantissement des droits de propriété intellectuelle confère au créancier :
– un droit de suite qu'il exerce conformément aux dispositions de l'article 97 alinéas 2 du présent Acte uniforme ;
– un droit de réalisation qu'il exerce conformément aux dispositions des articles 104 et 105 du présent Acte uniforme ;
– un droit de préférence qu'il exerce conformément aux dispositions de l'article 226 du présent Acte uniforme.

Section 5. Nantissement du fonds de commerce et privilège du vendeur de fonds de commerce

Sous-section 1. Nantissement du fonds de commerce

Article 162. Le nantissement du fonds de commerce est la convention par laquelle le constituant affecte en garantie d'une obligation, les éléments incorporels constitutifs du fonds de commerce à savoir la clientèle et l'enseigne ou le nom commercial.
Le nantissement peut aussi porter sur les autres éléments incorporels du fonds de commerce tels que le droit au bail commercial, les licences d'exploitation, les brevets d'invention, marques de fabrique et de commerce, dessins et modèles et autres droits de la propriété intellectuelle. Il peut également être étendu au matériel professionnel.

Cette extension du nantissement doit faire l'objet d'une clause spéciale désignant les éléments engagés et d'une mention particulière au Registre du commerce et du crédit mobilier. Cette clause n'a effet que si la publicité prévue par l'article 160 du présent Acte uniforme a été satisfaite.
Le nantissement en peut porter sur les droits réels immobiliers conférés ou constatés par des baux ou des conventions soumises à inscription au registre de la publicité immobilière. Si le nantissement porte sur un fonds de commerce et ses succursales, celles-ci doivent être désignées par l'indication précise de leur siège.

Article 163. À peine de nullité, le nantissement du fonds de commerce doit être constaté dans un écrit contenant les mentions suivantes :
1°) la désignation du créancier, du débiteur et du constituant du nantissement si celui-ci n'est pas le débiteur ;
2°) la désignation précise et le siège du fonds et, s'il y a lieu, de ses succursales ;
3°) les éléments du fonds nanti ;
4°) les éléments permettant l'individualisation de la créance garantie tels que son montant ou son évaluation, sa durée et son échéance.

Article 164. La juridiction compétente peut autoriser le créancier à prendre une inscription de nantissement sur le fonds de commerce de son débiteur. Le nantissement judiciaire est régi par les dispositions relatives à la saisie conservatoire des titres sociaux réglementée par les dispositions de l'Acte uniforme portant organisation des procédures simplifiées de recouvrement et des voies d'exécution. La décision judiciaire doit comporter toutes les mentions prévues par l'article précédent.
Article 165. Le nantissement conventionnel ou judiciaire n'est opposable aux tiers dans la mesure et selon les conditions prévues par les articles 51 à 66 du présent Acte uniforme que s'il est inscrit au Registre du commerce et du crédit mobilier.
L'inscription provisoire et l'inscription définitive doivent être prises, respectivement, après la décision autorisant le nantissement et la décision de validation passée en force de chose jugée.

Sous-section 2. Privilège du vendeur de fonds de commerce

Article 166. Pour produire son effet translatif et être opposable aux tiers, la vente doit être inscrite au Registre du commerce et du crédit mobilier à la demande de l'acquéreur immatriculé et dans le respect des conditions prévues par l'acte uniforme relatif au droit commercial général.

Article 167. Sous réserve des dispositions de l'article précédent du fonds de commerce, pour bénéficier de son privilège et de l'action résolutoire prévus par les dispositions relatives à la vente du fonds de commerce, doit faire inscrire la vente et son privilège au Registre du commerce et du crédit mobilier.

Article 168. Toute demande tendant à la résolution amiable, judiciaire ou de plein droit de la vente du fonds de commerce doit faire l'objet d'une prénotation au Registre du commerce et du crédit mobilier à l'initiative du vendeur.
Cette prénotation est autorisée par la juridiction compétente du lieu où la vente a été inscrite, par décision sur requête, à charge de lui en référer. La prénotation faite, la validité des inscriptions ultérieures est subordonnée à la décision à intervenir sur la résolution de la vente.
Article 169. Lorsque la vente a été résolue à l'amiable, judiciairement ou en vertu d'une clause résolutoire de plein droit, la résolution doit être publiée au Registre du commerce et du crédit mobilier.

Sous-section 3. Règles de publicité communes au nantissement du fonds de commerce et au privilège du vendeur

Article 170. Lorsque le nantissement conventionnel ou judiciaire ou le privilège du vendeur du fonds de commerce porte sur des brevets d'invention, marques de fabrique, de service et de commerce, des dessins et modèles et autres droits de la propriété intellectuelle ainsi que sur le matériel professionnel, il doit, en dehors de l'inscription de la sûreté du créancier au Registre du commerce et du crédit mobilier, être satisfait aux règles de publicité prévues pour les actes affectant la propriété des droits de propriété intellectuelle et aux règles du présent Acte uniforme relatives au nantissement du matériel faisant partie d'un fonds de commerce.
Article 171. Si le fonds faisant l'objet d'un nantissement ou d'un privilège comprend une ou des succursales, les inscriptions prévues aux articles 164 à 167 du présent Acte uniforme doivent être prises au Registre du commerce et du crédit mobilier où est principalement immatriculé le fonds.
Article 172. Le bailleur de l'immeuble dans lequel est exploité le fonds doit recevoir notification du bordereau d'inscription ou de la modification de l'inscription initiale. À défaut, le créancier nanti ne peut se prévaloir des dispositions de l'article 176 du présent Acte uniforme.
Article 173. Toute vente amiable ou judiciaire de fonds de commerce ou de l'un de ses éléments ne peut avoir lieu sans production par le vendeur ou l'auxiliaire de justice chargé de la vente, d'un état des inscriptions, prise sur le fonds.

Sous-section 4. Effets des inscriptions

Article 174. En cas de vente ou de réalisation du fonds, les créanciers chirographaires peuvent obtenir en justice la déchéance du terme de leurs créances pour concourir à la distribution du prix.

Article 175. En cas de déplacement du fonds, le propriétaire doit, quinze jours au moins à l'avance, notifier aux créanciers inscrits, par acte extrajudiciaire, son intention de déplacer le fonds en indiquant le nouvel emplacement qu'il entend lui fixer.

Le déplacement opéré, sans notification régulière, entraîne déchéance du terme pour le débiteur. Le créancier inscrit qui refuse de consentir au déplacement peut, dans le délai de quinze jours suivant la notification, demander la déchéance du terme s'il y a diminution de sa sûreté. Si le fonds est transféré dans un autre État Partie, l'inscription initiale, à la demande du créancier inscrit, est reportée sur le Registre du commerce et du crédit mobilier où est transféré le fonds.

Article 176. Le bailleur qui entend poursuivre la résiliation du bail de l'immeuble dans lequel est exploité un fonds de commerce grevé d'inscription, doit notifier sa demande aux créanciers, inscrit par acte extrajudiciaire.

La décision judiciaire de résiliation ne peut intervenir, ni la résiliation amiable ou en vertu d'une clause résolutoire de plein droit, produire effet, qu'après l'expiration du délai de deux mois suivant la notification.

Article 177. Les créanciers inscrits ont un droit de surenchère qu'ils exercent conformément aux dispositions prévues pour la vente du fonds de commerce.

Article 178. Les créanciers inscrits bénéficient :

– d'un droit de suite qu'ils exercent conformément aux dispositions de l'article 97, alinéa 2, du présent Acte uniforme ;
– d'un droit de réalisation qu'ils exercent conformément aux dispositions de l'article 104, alinéa 1, du présent Acte uniforme ;
– d'un droit de préférence qu'ils exercent conformément aux dispositions de l'article 226 du présent Acte uniforme.

CHAPITRE 6. PRIVILÈGES

Section 1. Privilèges généraux

Article 179. Les privilèges généraux confèrent un droit de préférence exercé par leurs titulaires selon les dispositions prévues par les articles 225 et 226 du présent Acte uniforme. Les textes spéciaux créant des privilèges généraux doivent préciser le rang de ceux-ci en le déterminant par rapport aux dispositions de l'article 180 du présent Acte uniforme. À défaut, le rang de ces privilèges est le dernier de celui établi par ledit article 180.
Article 180. Sont privilégiés, sans publicité et dans l'ordre qui suit :
1°) les frais d'inhumation, les frais de la dernière maladie du débiteur ayant précédé la saisie des biens ;
2°) les fournitures de subsistance faites au débiteur pendant la dernière année ayant précédé son décès, la saisie des biens ou la décision judiciaire d'ouverture d'une procédure collective ;
3°) les sommes dues aux travailleurs et apprentis pour exécution et résiliation de leur contrat durant la dernière année ayant précédé le décès du débiteur, la saisie des biens ou la décision judiciaire d'ouverture d'une procédure collective ;
4°) les sommes dues aux auteurs d'œuvres intellectuelles, littéraires et artistiques pour les trois dernières années ayant précédé le décès du débiteur, la saisie des biens ou la décision judiciaire d'ouverture d'une procédure collective ;
5°) dans la limite de la somme fixée légalement pour l'exécution provisoire des décisions judiciaires, les sommes dues aux organismes de sécurité et de prévoyance sociales ;
6°) dans la limite de la somme fixée légalement pour l'exécution provisoire des décisions judiciaires, les sommes dont le débiteur est redevable au titre des créances fiscales et douanières.
Article 181. Sont privilégiées au-delà du montant fixé par l'article 180 5°) et 6°) du présent Acte uniforme, les créances fiscales, douanières et des organismes de sécurité et de prévoyance sociales.

Ces privilèges n'ont d'effet que s'ils sont inscrits, dans les six mois de l'exigibilité de ces créances, au Registre du commerce et du crédit mobilier. Toutefois, s'il y a eu infraction à la législation fiscale, douanière ou sociale, le délai ne commence à courir qu'à compter de la notification de la contrainte ou du titre de perception ou de tout autre titre de mise en recouvrement.

L'inscription conserve le privilège du Trésor public, de l'Administration des douanes et des organismes de sécurité et de prévoyance sociale pendant trois ans à compter du jour où elle a été prise ; son effet cesse sauf renouvellement demandé avant l'expiration de ce délai.

Section 2. Privilèges spéciaux

Article 182. Les créanciers titulaires de privilèges spéciaux ont, sur les meubles qui leur sont affectés comme assiette par la loi, un droit de préférence qu'ils exercent, après saisie, selon les dispositions prévues par l'article 226 du présent Acte uniforme.
Le droit de préférence s'exerce aussi, par subrogation, sur l'indemnité d'assurance du meuble qui a péri ou disparu, tant qu'elle n'est pas payée.
Article 183. Le vendeur a, sur le meuble vendu, un privilège pour garantie du paiement du prix non payé, s'il est encore dû par le sous-acquéreur.

Article 184. Le bailleur d'immeuble a un privilège sur les meubles garnissant les lieux loués.
Ce privilège garantit, outre les dommages-intérêts qui pourraient lui être alloués, les créances du bailleur contre le preneur pour les douze mois échus précédant la saisie et pour les douze mois à échoir après celle-ci.
Le preneur ou toute personne qui, par des manœuvres frauduleuses, prive le bailleur de son privilège totalement ou partiellement, commet une infraction pénale réprimée par la loi nationale de chaque État Partie.

En cas de déplacement des meubles sans son consentement, le bailleur peut encore procéder à leur saisie et conserve son privilège sur eux s'il en a fait la déclaration de revendication dans l'acte de saisie.
Article 185. Le transporteur terrestre a un privilège sur la chose transportée, pour tout ce qui lui est dû à condition qu'il y ait un lien de connexité entre la chose transportée et la créance.
Article 186. Le travailleur d'un exécutant d'ouvrage à domicile a un privilège sur les sommes dues par le donneur d'ouvrage pour garantir les créances nées du contrat de travail si celles-ci sont nées de l'exécution de l'ouvrage.
Article 187. Les travailleurs et fournisseurs des entreprises de travaux ont un privilège sur les sommes restant dues à celles-ci pour les travaux exécutés, en garantie des créances nées à leur profit à l'occasion de l'exécution de ces travaux.
Les salaires dus aux travailleurs sont payés par préférence aux sommes dues aux fournisseurs.

Article 188. La commissionnaire a sur les marchandises qu'il détient pour le compte du commettant un privilège pour garantir ses créances nées du contrat de commission.
Article 189. Celui qui a exposé des frais ou fourni des prestations pour éviter la disparition d'une chose ou sauvegarder l'usage auquel elle est destinée, a un privilège sur ce meuble.

TITRE 3. HYPOTHÈQUES

CHAPITRE 1. DISPOSITIONS GÉNÉRALES

Article 190. L'hypothèque est l'affectation d'un immeuble déterminé ou déterminable appartenant au constituant en garantie d'une ou plusieurs créances, présentes ou futures à condition qu'elles soient déterminées ou déterminables.
Elle est légale, conventionnelle ou judiciaire.
Article 191. Sauf disposition contraire, les règles applicables aux hypothèques conventionnelles s'appliquent également aux hypothèques forcées.
Article 192. Sauf disposition contraire, seuls les immeubles présents et immatriculés peuvent faire l'objet d'une hypothèque.
Peuvent faire l'objet d'une hypothèque :
1°) les fonds bâtis ou non bâtis et leurs améliorations ou constructions survenues, à l'exclusion des meubles qui en constituent l'accessoire ;
2°) les droits réels immobiliers régulièrement inscrits selon les règles de l'État Partie.
Article 193. L'hypothèque est indivisible par nature et subsiste totalement sur les immeubles affectés jusqu'à complet paiement et malgré la survenance d'une succession.
Article 194. Ceux qui n'ont sur l'immeuble qu'un droit soumis à condition, résolution, ou rescision régulièrement publiées ne peuvent consentir qu'une hypothèque soumise aux mêmes conditions, résolutions ou rescisions.
L'hypothèque d'un immeuble indivis conserve son effet quel que soit le résultat du partage, si elle a été consentie par tous les indivisaires. Dans le cas contraire, elle ne conserve son effet que dans la mesure où l'indivisaire qui l'a consentie est, lors du partage, alloti de l'immeuble indivis ou, lorsque l'immeuble est licité à un tiers, si cet indivisaire est alloti du prix de la licitation.
L'hypothèque d'une quote-part dans un ou plusieurs immeubles indivis ne conserve son effet que dans la mesure où l'indivisaire qui l'a consentie est, lors du partage, alloti du ou de ces immeubles indivis ; elle le conserve alors dans toute la mesure de cet allotissement, sans être limitée à la quote-part qui appartenait à l'indivisaire qui l'a consentie ; lorsque l'immeuble est licité à un tiers, elle le conserve également si cet indivisaire est alloti du prix de la licitation.
Article 195. Tout acte conventionnel ou judiciaire constitutif d'hypothèque doit être inscrit conformément aux règles de publicité édictées par l'État Partie où est situé le bien grevé, et prévues à cet effet.

L'hypothèque régulièrement publiée prend rang du jour de l'inscription. Lorsque le droit réel immobilier, objet de l'hypothèque, consiste en un démembrement du droit de propriété tel que l'usufruit, le droit de superficie, le bail emphytéotique ou le bail à construction, l'inscription de l'hypothèque doit également être notifiée, par acte extrajudiciaire, au propriétaire, au tréfoncier ou au bailleur.

Article 196. L'inscription a une durée déterminée et conserve le droit du créancier jusqu'à une date devant être fixée par la convention ou la décision de justice dans la limite de trente ans au jour de la formalité, sauf disposition contraire d'une loi nationale. Son effet cesse si elle n'est pas renouvelée, avant l'expiration de ce délai, pour une durée déterminée.

Il en va de même lorsque l'hypothèque a été constituée pour une durée indéterminée.

Article 197. L'hypothèque confère à son titulaire un droit de suite et un droit de préférence.

Le droit de préférence s'exerce selon les dispositions de l'article 225 du présent Acte uniforme pour garantir le principal, les frais et trois ans d'intérêts au même rang, sauf à prendre des inscriptions particulières portant hypothèques à compter de leurs dates pour les intérêts autres que ceux conservés par l'inscription initiale.

Le droit de préférence s'exerce également, par subrogation, sur l'indemnité d'assurance de l'immeuble sinistré.

Article 198. À moins qu'il ne poursuive la vente du bien hypothéqué selon les modalités prévues par les règles de la saisie immobilière, auxquelles la convention d'hypothèque ne peut déroger, le créancier hypothécaire impayé peut demander en justice que l'immeuble lui demeure en paiement.

Cette faculté ne lui est toutefois pas offerte si l'immeuble constitue la résidence principale du constituant.

Article 199. À condition que le constituant soit une personne morale ou une personne physique dûment immatriculée au Registre du commerce et du crédit mobilier et que l'immeuble hypothéqué ne soit pas à usage d'habitation, il peut être convenu dans la convention d'hypothèque que le créancier deviendra propriétaire de l'immeuble hypothéqué.

À l'issue d'un délai de trente jours suivant une mise en demeure de payer par acte extrajudiciaire demeurée sans effet, le créancier pourra faire constater le transfert de propriété dans un acte établi selon les formes requises par chaque État Partie en matière de transfert d'immeuble.

Article 200. Dans les cas prévus aux deux articles précédents, l'immeuble doit être estimé par expert désigné amiablement ou judiciairement.

Si sa valeur excède le montant de la créance garantie, le créancier doit au constituant une somme égale à la différence. S'il existe d'autres créanciers hypothécaires, il la consigne. Toute clause contraire est réputée non écrite.

Article 201. Tout acte relatif à une hypothèque et portant transmission, changement de rang, subrogation, renonciation, extinction, est établi, selon la loi nationale du lieu de situation de l'immeuble, par acte notarié ou par acte sous seing privé suivant un modèle conforme aux règles de l'État Partie concerné et publié comme l'acte par lequel cette hypothèque est consentie ou constituée.

L'extinction de l'hypothèque conventionnelle ou judiciaire résulte :
– de l'extinction de l'obligation principale ;
– de la renonciation du créancier à l'hypothèque ;
– de la péremption de l'inscription attestée, sous sa responsabilité, par le conservateur du registre de la publicité immobilière, cette attestation devant mentionner qu'aucune prorogation ou nouvelle inscription n'affecte la péremption ;
– de la purge des hypothèques résultant du procès-verbal de l'adjudication sur expropriation forcée et du paiement ou de la consignation de l'indemnité définitive d'expropriation pour cause d'utilité publique.

Article 202. L'hypothèque est radiée selon les règles de publicité de l'État Partie où est situé le bien grevé.
En cas de refus du créancier d'y consentir ou du conservateur de procéder à la radiation de l'hypothèque, le débiteur ou l'ayant droit de celui-ci peut obtenir mainlevée judiciaire de cette sûreté. La décision judiciaire de mainlevée prononcée contre le créancier ou ses ayants droit et passée en force de chose jugée oblige le conservateur à procéder à la radiation.

CHAPITRE 2. HYPOTHÈQUES CONVENTIONNELLES

Article 203. L'hypothèque conventionnelle ne peut être consentie que par celui qui est titulaire du droit réel immobilier régulièrement inscrit et capable d'en disposer.

Par exemple à l'alinéa précédent, l'hypothèque peut être consentie sur des immeubles à venir dans les cas et conditions ci-après :

1°) celui qui ne possède pas d'immeubles présents et libres ou qui n'en possède pas en quantité suffisante pour la sûreté de la créance peut consentir que chacun de ceux qu'il acquerra par la suite sera affecté au paiement de celle-ci au fur et à mesure de leur acquisition ;

2°) celui dont l'immeuble présent assujetti à l'hypothèque a péri ou subi des dégradations telles qu'il est devenu insuffisant pour la sûreté de la créance le peut pareillement, sans préjudice du droit pour le créancier de poursuivre dès à présent son remboursement ;

3°) celui qui possède un droit réel lui permettant de construire à son profit sur le fonds d'autrui, sur le domaine public ou sur le domaine national peut hypothéquer les bâtiments et ouvrages dont la construction est commencée ou simplement projetée ; en cas de destruction de ceux-ci, l'hypothèque est reportée de plein droit sur les nouvelles constructions édifiées au même emplacement.

Article 204. L'hypothèque conventionnelle doit être consentie pour une somme déterminée ou au moins déterminable en principal et portée à la connaissance des tiers par l'inscription de l'acte. Le débiteur aura droit, s'il y a lieu, par la suite, de requérir la réduction de cette somme en se conformant aux règles de la publicité foncière prévues à cet effet.

Article 205. L'hypothèque conventionnelle est consentie, selon la loi nationale du lieu de situation de l'immeuble :

– par acte authentique établi par le notaire territorialement compétent ou l'autorité administrative ou judiciaire habilitée à faire de tels actes ;

– ou par acte sous seing privé dressé suivant un modèle agréé par la conservation de la propriété foncière ;

– la procuration donnée à un tiers pour constituer une hypothèque en la forme notariée doit être établie en la même forme.

Article 206. Tant que l'inscription n'est pas faite, l'acte d'hypothèque est inopposable aux tiers et constitue, entre les parties, une promesse synallagmatique qui les oblige à procéder à la publicité.

Article 207. La publication de l'hypothèque conventionnelle garantissant un prêt à court terme peut être différée pendant un délai maximum de quatre-vingt-dix jours sans que le créancier perde le rang qui lui est acquis.
Pour cela, le créancier devra se conformer aux dispositions spécialement édictées à cet effet par les règles de publicité concernant les hypothèques garantissant les prêts à court terme, prévues par la loi nationale du lieu de situation de l'immeuble.
Article 208. L'hypothèque consentie pour sûreté d'une ouverture de crédit à concurrence d'une somme déterminée à fournir prend rang à la date de sa publication sans égard aux dates successives de l'exécution des engagements pris par le fournisseur du crédit.

CHAPITRE 3. HYPOTHÈQUES FORCÉES

Article 209. L'hypothèque forcée est celle qui est considérée, sans le consentement du débiteur, soit par la loi, soit par une décision de justice.
Les hypothèques forcées autres que celles prévues par le présent Acte uniforme sont régies par les dispositions particulières de la loi nationale de chaque État Partie.

Section 1. Hypothèques forcées légales

Article 210. L'hypothèque légale de la masse des créanciers prévue par l'Acte uniforme portant organisation des procédures collectives d'apurement du passif est inscrite dans le délai de dix jours à compter de la décision judiciaire d'ouverture de la procédure collective à la requête du greffier ou du syndic.
Article 211. Le vendeur, l'échangiste ou le copartageant peut exiger de l'autre partie à l'acte une hypothèque sur les immeubles vendus, échangés ou partagés pour garantir le paiement total ou partiel du prix, de la soulte de l'échange ou des créances résultant du partage. À défaut de stipulation d'hypothèque conventionnelle, le vendeur, l'échangiste ou le copartageant peuvent, en vertu d'une décision de la juridiction compétente, obtenir l'hypothèque forcée sur lesdits immeubles.
L'action en résolution de l'acte de vente, d'échange ou de partage pour défaut de paiement du prix ou de la soulte appartient au vendeur, à l'échangiste, ou au copartageant dès lors qu'il est authentiquement constaté par l'acte d'emprunt que la somme était destinée à cet emploi et, par la quittance du vendeur, de l'échangiste ou du copartageant, que le paiement a été fait des deniers empruntés.
Article 212. Les architectes, entrepreneurs et autres personnes employées pour édifier, réparer ou reconstruire des bâtiments peuvent, avant le commencement des travaux, se faire consentir une hypothèque conventionnelle ou obtenir, par décision judiciaire, une hypothèque forcée sur l'immeuble ayant fait l'objet des travaux. L'hypothèque est inscrite provisoirement pour le montant de la somme qui sera estimée due. Cette inscription prend rang à sa date mais pour une période n'excédant pas un mois après l'achèvement des travaux constaté par huissier. L'hypothèque conserve sa date si, dans le même délai, par accord des parties ou par décision judiciaire, l'inscription devient définitive, pour le tout ou partie seulement de la somme estimée due.
Celui qui fournit les deniers pour payer ou rembourser les architectes, entrepreneurs et autres personnes employées pour édifier, réparer ou

reconstruire des bâtiments peut obtenir une hypothèque conventionnelle ou forcée dans les mêmes conditions que ces créanciers dès lors qu'il est formellement constaté dans l'acte d'emprunt que la somme était destinée à cet emploi et, par la quittance des architectes, entrepreneurs et autres personnes, que le paiement a été fait des deniers empruntés.

Section 2. Hypothèques forcées judiciaires

Article 213. Pour sûreté de sa créance, en dehors des cas prévus par les articles 210 à 212 du présent Acte uniforme, le créancier peut être autorisé à prendre inscription provisoire d'hypothèque sur les immeubles de son débiteur en vertu d'une décision de la juridiction compétente du domicile du débiteur ou du ressort dans lequel sont situés les immeubles à saisir.

La décision rendue indique la somme pour laquelle l'hypothèque est autorisée.

Elle fixe au créancier un délai dans lequel il doit, à peine de caducité de l'autorisation, former devant la juridiction compétente l'action en validité d'hypothèque conservatoire ou la demande au fond, même présentée sous forme de requête à fin d'injonction de payer. Elle fixe, en outre, le délai pendant lequel le créancier ne peut saisir la juridiction du fond. Si le créancier enfreint les dispositions de l'alinéa précédent, la décision peut être rétractée par la juridiction qui a autorisé l'hypothèque.

Article 214. La décision peut obliger le créancier à justifier, préalablement, de sa solvabilité suffisante ou, à défaut, à donner caution par acte déposé au Greffe ou entre les mains d'un séquestre avec ou sans obligation d'observer les règles concernant la réception des cautions.

Article 215. La juridiction compétente ne statue qu'à charge de lui en référer en cas de difficulté. Sa décision est exécutoire sur minute, nonobstant opposition ou appel.

Article 216. Le créancier est autorisé à prendre une inscription provisoire d'hypothèque sur présentation de la décision contenant :

1°) la désignation du créancier, son élection de domicile, le nom du débiteur ;

2°) la date de la décision ;

3°) la cause et le montant de la créance garantie en principal, intérêts et frais ;

4°) la désignation, par le numéro du titre foncier, de chacun des immeubles sur lesquels l'inscription a été ordonnée ; à défaut de titre foncier, sous réserve de l'application de l'article 192 du présent Acte uniforme, la désignation des immeubles non immatriculés, est faite conformément aux dispositions des législations nationales spécialement prévues à cet effet.

Les dispositions du présent article n'excluent pas les formalités de publicité prévues par la législation foncière.

Article 217. Le créancier doit notifier la décision ordonnant l'hypothèque judiciaire en délivrant l'assignation en vue de l'instance en validité ou de l'instance au fond. Il doit également notifier l'inscription dans la quinzaine de cette formalité.
Il doit élire domicile dans le ressort de la juridiction compétente ou de la conservation foncière.
Article 218. Mainlevée ou réduction de l'hypothèque peut être obtenue de la juridiction compétente qui l'a autorisée, statuant à bref délai, contre consignation, entre les mains d'un séquestre par lui désigné, des sommes en principal, intérêts et frais, avec affectation spéciale à la créance. La mainlevée ou la réduction de l'hypothèque doit être demandée dans le mois de la notification de l'assignation en validité ou de l'instance au fond.
Lorsque la créance litigieuse a fait l'objet d'une décision passée en force de chose jugée, les sommes séquestrées sont spécialement affectées, par privilège sur tous autres, au paiement de la créance du poursuivant. Elles se trouvent frappées de saisie-conservatoire pendant la durée de la procédure.
Article 219. La juridiction saisie peut, en tout état de cause, avant même d'avoir statué sur le fond, ordonner une mainlevée totale ou partielle de l'hypothèque si le débiteur justifie de motifs sérieux et légitimes.
Dans le cas de péremption d'instance, de désistement d'instance ou d'action, la mainlevée non consentie de l'inscription provisoire est donnée par la juridiction qui a autorisé ladite inscription et la radiation est faite sur dépôt de sa décision passée en force de chose jugée.
Article 220. Lorsqu'il est justifié que la valeur des immeubles est double du montant des sommes inscrites, le débiteur peut faire limiter les effets de la première inscription sur les immeubles qu'il indique à cette fin.
Article 221. Si la créance est reconnue, la décision statuant sur le fond maintient en totalité ou en partie l'hypothèque déjà inscrite ou octroie une hypothèque définitive.
Dans les six mois suivant le jour où cette décision a acquis l'autorité de la chose jugée, l'inscription de l'hypothèque qui en résulte conformément à la législation de l'État Partie où est situé le bien grevé. Ce qui a été maintenu prend rang à la date de l'inscription provisoire ; l'hypothèque prend rang à la date de l'inscription définitive.
Faute d'inscription définitive dans le délai fixé ci-dessus, ou si la créance n'est pas reconnue par une décision passée en force de chose jugée, la première inscription devient rétroactivement sans effet et sa radiation peut être demandée par toute personne intéressée, aux frais de l'inscrivant, à la juridiction qui a autorisé ladite inscription.

CHAPITRE 4. EFFETS DES HYPOTHÈQUES

Article 222. Dans le cas où l'immeuble hypothéqué devient insuffisant pour garantir sa créance, par suite de destruction ou de dégradation, le créancier peut poursuivre le paiement de sa créance avant le terme ou obtenir une autre hypothèque.

Article 223. Le droit de suite s'exerce contre tout tiers détenteur de l'immeuble dont le titre est publié postérieurement à l'hypothèque.

Bien que le tiers détenteur ne soit pas personnellement obligé à la dette, il peut désintéresser le créancier poursuivant du montant intégral de sa créance, en capital, intérêts et autres accessoires, en se subrogeant à lui.

TITRE 4. DISTRIBUTION DES DENIERS ET CLASSEMENT DES SÛRETÉS

Article 224. La procédure de distribution du prix sur saisie est fixée par les règles régissant les voies d'exécution sous réserve des dispositions qui suivent, concernant l'ordre de distribution.

Article 225. Les deniers provenant de la réalisation des immeubles sont distribués dans l'ordre suivant :

1°) aux créanciers des frais de justice engagés pour parvenir à la réalisation du bien vendu et à la distribution elle-même du prix ;

2°) aux créanciers de salaires super privilégiés ;

3°) aux créanciers titulaires d'une hypothèque conventionnelle ou forcée et aux créanciers séparatistes inscrits dans le délai légal, chacun selon le rang de son inscription au registre de la publicité immobilière ;

4°) aux créanciers munis d'un privilège général soumis à publicité, chacun selon le rang de son inscription au Registre du commerce et du crédit mobilier ;

5°) aux créanciers munis d'un privilège général non soumis à publicité selon l'ordre établi par l'article 180 du présent Acte uniforme ;

6°) aux créanciers chirographaires munis d'un titre exécutoire lorsqu'ils sont intervenus par voie de saisie ou d'opposition à la procédure.

En cas d'insuffisance de deniers pour désintéresser les créanciers désignés aux 1°), 2°), 5°) et 6°) du présent article venant à rang égal, ceux-ci concourent à la distribution dans la proportion de leurs créances totales, au marc le franc.

Article 226. Sans préjudice de l'exercice d'un éventuel droit de rétention ou d'un droit exclusif au paiement, les deniers provenant de la réalisation des meubles sont distribués dans l'ordre suivant :

1°) aux créanciers des frais de justice engagés pour parvenir à la réalisation du bien vendu et à la distribution elle-même du prix ;

2°) aux créanciers de frais engagés pour la conservation du bien du débiteur dans l'intérêt des créanciers dont le titre est antérieur en date ;

3°) aux créanciers de salaires super privilégiés ;

4°) aux créanciers garantis par un privilège général soumis à publicité, un gage, ou un nantissement, chacun à la date de son opposabilité aux tiers ;

5°) aux créanciers munis d'un privilège spécial, chacun suivant le meuble sur lequel porte le privilège ; en cas de conflit entre créances assorties d'un privilège spécial sur le même meuble, la préférence est donnée au premier saisissant ;

6°) aux créanciers munis d'un privilège général non soumis à publicité selon l'ordre établi par l'article 180 du présent Acte uniforme ;
7°) aux créanciers chirographaires munis d'un titre exécutoire lorsqu'ils sont intervenus par voie de saisie ou d'opposition à la procédure de distribution.
En cas d'insuffisance de deniers pour désintéresser les créanciers désignés aux 1°), 2°), 3°), 6°) et 7°) du présent article venant à rang égal, ceux-ci concourent à la distribution dans la proportion de leurs créances totales, au marc le franc.

TITRE 5. DISPOSITIONS TRANSITOIRES ET FINALES

Article 227. Le présent Acte uniforme, qui abroge l'Acte uniforme portant organisation des sûretés du 17 avril 1997, n'est applicable qu'aux sûretés consenties ou constituées après son entrée en vigueur.
Les sûretés consenties ou constituées antérieurement au présent Acte uniforme et conformément à la législation alors en vigueur restent soumises à cette législation jusqu'à leur extinction.
Article 228. Le présent Acte uniforme sera publié au *Journal Officiel* de l'OHADA dans un délai de soixante jours à compter de la date de son adoption. Il sera également publié dans les États Parties, au *Journal Officiel* ou par tout moyen approprié. Il sera applicable quatre-vingt-dix jours à compter de la date de sa publication au *Journal officiel* de l'OHADA conformément à l'article 9 du Traité relatif à l'harmonisation du droit des affaires en Afrique, signé à Port Louis le 17 octobre 1993, tel que révisé à Québec le 17 octobre 2008.

Fait à Lomé, le 15 décembre 2010.

Table des matières

Questions juridiques aux éditions L'Harmattan

Dernières parutions

CONCILIATION ET MÉDIATION PRUD'HOMALES
Collectif GEMME-France
À l'initiative du Groupement européen des magistrats pour la médiation, conseillers prud'hommes, juges départiteurs, magistrats des cours d'appel et de la Cour de cassation ainsi que syndicalistes dressent ici un état des lieux et lancent des pistes de réflexion pour améliorer la qualité et l'efficacité de l'institution prud'homale. La question de la médiation prud'homale y est abordée avec les débats qu'elle suscite.
(12.00 euros, 108 p.)
ISBN : 978-2-343-00955-1, ISBN EBOOK : 978-2-296-53756-9

INTELLIGENCE (L') TERRITORIALE, UNE NÉCESSITÉ
Fath Bernard - Préface de Gérard Marcou
L'enjeu majeur pour les années à venir serait pour les collectivités territoriales de se doter des moyens propres à imaginer leur futur. Cependant l'État retire son ingénierie des territoires et s'ouvre sur les privatisations concurrentielles… Des solutions s'imposent, l'intelligence territoriale apparaît comme une hypothèse nécessaire pour impulser un futur mis en prospective. Le monde local foisonne d'initiatives propres à donner corps à l'intelligence territoriale.
(Coll. Grale, 27.00 euros, 274 p.)
ISBN : 978-2-343-00778-6, ISBN EBOOK : 978-2-296-53772-9

MARCHÉS (LES) PUBLICS À PROCÉDURE ADAPTÉE
Entre liberté et contrainte pour les collectivités territoriales
Ravignot Béatrice
Cette étude met en évidence les limites de la liberté octroyée aux pouvoirs adjudicateurs par le Code des marchés publics, dans le cadre de la conclusion de marchés à procédure adaptée. Du lancement de la procédure jusqu'au choix de l'attributaire et ses conséquences, les collectivités territoriales restent en effet soumises à des contraintes formelles ou procédurales, qui sont souvent identiques ou proches de celles existant dans le cadre des procédures formalisées.
(Coll. Master Collectivités territoriales et politiques publiques, 16.50 euros, 162 p.)
ISBN : 978-2-343-00223-1, ISBN EBOOK : 978-2-296-53768-2

FRANCE INTERCOMMUNALE (LA)
Regards sur la loi de réforme des collectivités territoriales du 16 décembre 2010
Sous la direction de Pierre-Yves Monjal et Vincent Aubelle
Les communautés de communes, d'agglomération et urbaines et autres métropoles, ne vont-elles pas porter un coup définitif à l'organisation décentralisée de la République ? La France n'est-elle pas sur le point de changer de mode de gouvernance locale en recourant à des procédés politiques et juridiques fondés sur les notions de mutualisation, de territoire pertinent, de développement, de communautarisation ?
(Coll. Grale, 39.00 euros, 406 p.)
ISBN : 978-2-336-29370-7, ISBN EBOOK : 978-2-296-53725-5

TRAITEMENT DES RESPONSABILITÉS CIVILE ET PÉNALE
Approche comparée en droit français et iranien
Nory Yoshanloey Jafar
La distinction contemporaine n'a pu empêcher le rapprochement pratique des responsabilités civile et pénale tant en droit français qu'iranien. Il apparaît qu'à la fonction réparatrice de la

responsabilité civile peut s'additionner une fonction punitive qui s'incarnerait dans «la peine privée», et à la fonction répressive de la responsabilité pénale une fonction réparatrice appelée «restitution pénale». Ces deux modes de responsabilité doivent se rejoindre dans une cohérence juridique afin que la justice soit rendue avec une dimension sociale.
(Coll. Sciences criminelles, 35.00 euros, 348 p.)
ISBN : 978-2-336-29122-2, ISBN EBOOK : 978-2-296-53750-7

JACQUES VERGÈS – Un aristocrate de refus
Charvin Robert - Préface de Hervé de Charette
J. Vergès, avocat des causes difficiles, ne laisse personne indifférent. Il est l'ennemi de certains ayant fait son procès dans quelques mauvais livres mais l'ami des simples gens, l'encourageant à combattre encore et toujours les puissants. Sa vie est un roman, mais il n'est pas question de faire un roman de sa vie : il conserve son mystère comme tout homme dans sa complexité. Un avocat qui possède en lui des éléments de dignité, qui a dévoré sa vie avec sincérité.
(13.50 euros, 120 p.)
ISBN : 978-2-343-00533-1, ISBN EBOOK : 978-2-296-53645-6

SANG (LE) ET L'ENCRE – Et si Christian Ranucci était innocent ?
Le Meur Yann
Christian Ranucci, 22 ans, est guillotiné le 28 juillet 1976 à Marseille pour l'enlèvement et le meurtre d'une fillette de 8 ans. De la fin de l'instruction au pied de l'échafaud, où il demande à ses avocats de le réhabiliter, il a toujours clamé son innocence. S'appuyant sur des contre-enquêtes relatives à l'affaire, le dossier pénal et de longues investigations documentaires et de terrain, ce livre aboutit à des conclusions, toutes dans le sens de l'innocence de Ranucci.
(29.50 euros, 302 p.)
ISBN : 978-2-343-00604-8, ISBN EBOOK : 978-2-296-53558-9

IMMIGRÉ (L') ET LA GESTION DU PATRIMOINE
Loubassou Nganga Maixent
Cet ouvrage met à la disposition des personnes qui viennent d'arriver en France et qui ne connaissent pas l'environnement fiscal, juridique, bancaire et financier français, des outils indispensables pour une gestion optimale de leur patrimoine : choisir le meilleur régime matrimonial, organiser ou réorganiser de façon optimale leurs placements, trouver des produits de défiscalisation adaptés, choisir le meilleur placement immobilier.
(Coll. Pour Comprendre, 12.00 euros, 106 p.)
ISBN : 978-2-336-30090-0, ISBN EBOOK : 978-2-296-53639-5

ADMINISTRATION PÉNITENTIAIRE ET JUSTICE
Un siècle de rattachement
Sous la direction de Paul Mbanzoulou et François Dieu
Depuis le décret du 13 mars 1911, l'administration pénitentiaire est rattachée au ministère de la Justice. Au-delà de l'éclairage historique, qui occupe une place notable dans cet ouvrage, les contributions réunies ici examinent le positionnement actuel de l'administration pénitentiaire, ainsi que ses perspectives d'évolution à la lumière de quelques expériences étrangères.
(Coll. Criminologie, 26.00 euros, 256 p.)
ISBN : 978-2-343-00412-9, ISBN EBOOK : 978-2-296-53667-8

DÉMOCRATIE (LA) LOCALE À LA RECHERCHE D'UN NOUVEAU SOUFFLE
Marceau Anne - Préface de Gérard Marcou
Comment peuvent se concilier démocratie représentative et démocratie participative ? La multiplication des procédures de consultation ne nuit-elle pas à leur efficacité ? Quels seront les acteurs de la démocratie locale demain : les élus, les citoyens, les habitants, les usagers ? Les outils de démocratie locale mis en place ces dernières années constituent-ils un véritable renouveau ou apparaissent-ils comme le simple rhabillage de formules anciennes ?
(Coll. Grale, 32.00 euros, 308 p.)
ISBN : 978-2-343-00118-0, ISBN EBOOK : 978-2-296-53527-5

CONSEIL (LE) DES DROITS DE L'HOMME ET SES PRINCIPAUX MÉCANISMES
Bilan et perspectives d'actions pour le Burkina Faso à l'entame de son second mandat de membre
Merindol Ouoba Clarisse
Le Conseil des droits de l'homme a remplacé la Commission des Nations unies aux droits de l'homme. Cet ouvrage contribue à la dynamique de promotion et de protection de ces droits, notamment à travers les actions entreprises par cet important organe du système des Nations unies, dont le Burkina Faso est membre depuis 2008. L'auteur apporte un regard personnel sur les quatre années de présence de ce pays en son sein.
(14.50 euros, 142 p.)
ISBN : 978-2-336-29180-2, ISBN EBOOK : 978-2-296-53513-8

NOUVEAU (LE) DROIT DU PROCÈS ADMINISTRATIF
Les évolutions choisies, les évolutions subies
Sous la direction de Jacques Fialaire et Jerry Kimboo
Plus de 10 ans après l'entrée en vigueur du Code de justice administrative, l'office du juge s'est profondément transformé. Parmi les évolutions subies par le juge administratif figure l'institution du «rapporteur public», mettant en harmonie le contentieux administratif avec le principe d'égalité des armes entre les parties, développé dans la jurisprudence de la Cour EDH. Certaines innovations procédurales destinées à accélérer l'instruction des affaires semblent, quant à elles, davantage choisies.
(Coll. Logiques Juridiques, 22.00 euros, 224 p.)
ISBN : 978-2-343-00571-3, ISBN EBOOK : 978-2-296-53519-0

GOUVERNER, ADMINISTRER RÉVOLUTIONNAIREMENT : LE COMITÉ DE SALUT PUBLIC
(6 avril 1793 - 4 brumaire an IV)
Matta-Duvignau Raphaël - Préface de Vida Azimi
Le comité de salut public se présente comme la commission de la Convention nationale ayant pris en charge, du 6 avril 1793 au 4 brumaire an IV, la surveillance, le contrôle et la direction des fonctions gouvernementales et administratives tout en ayant exercé une dictature soutenue par la Terreur. Cette étude explique comment le Comité, initialement conçu comme simple instrument de la Convention, est devenu le principal sujet actif du Gouvernement révolutionnaire.
(Coll. Logiques Juridiques, 59.00 euros, 732 p.)
ISBN : 978-2-336-29065-2, ISBN EBOOK : 978-2-296-53498-8

CONCLUSION (LA) DES CONTRATS ÉLECTRONIQUES
Étude de droits africains et européens
Kabre Windpagnangde Dominique
Les contrats électroniques se distinguent des contrats formés entre parties présentes ou conclus par les moyens traditionnels de communication à distance. Ces caractéristiques donnent lieu à un mode technique particulier de conclusion des contrats, régi par des règles juridiques qui constituent ce qu'on appelle le «droit spécial des contrats électroniques». L'ouvrage montre que ce droit spécial engendre un processus de formation du contrat différent de celui du droit commun des contrats, tant en droit burkinabé et de la CEDEAO qu'en droit européen, belge et français.
(Coll. Etudes africaines, 52.00 euros, 584 p.)
ISBN : 978-2-336-29211-3, ISBN EBOOK : 978-2-296-53666-1

AGRICULTURE (L') ET LES EXIGENCES DU DÉVELOPPEMENT DURABLE
Agriculture and the requirements of a sustainable development
Die Landwirtschaft und die Anforderungen an deren nachhaltige Entwicklung
Sous la direction de Prof. Dr. Paul Richli - Délégué général au nom du Comité européen de Droit Rural
L'agriculture et les exigences du développement durable, l'affectation et la protection du territoire rural et enfin le développement du droit rural dans l'UE, dans les États et les régions et dans l'OMC : ces trois thèmes autour de l'agriculture et les exigences du développement durable

gagnent en importance, obligeant les politiques publiques à intervenir au moyen d'une série d'instruments juridiques. (Ouvrage en trois langues).
(Coll. Droit et Espace Rural, 51.00 euros, 568 p.)
ISBN : 978-2-343-00584-3, ISBN EBOOK : 978-2-296-53656-2

SÉCURITÉ : VRAIES QUESTIONS ET FAUX DÉBATS
Sous la direction de Roger Vicot
Les questions de sécurité génèrent beaucoup de passions et commentaires. Le bon sens populaire donne libre cours à ses *a priori*, préjugés, solutions toutes prêtes, clichés et autres caricatures. L'objectif de ce livre est de dépassionner le débat et d'analyser sereinement chacune des affirmations. Chercheurs, universitaires, spécialistes, élus : une vingtaine d'entre eux ont accepté de remettre les choses en perspective mais aussi de faire émerger la réalité.
(33.00 euros, 330 p.)
ISBN : 978-2-343-00363-4, ISBN EBOOK : 978-2-296-53314-1

MÉDIATION EFFICACE (LA) – Évolutions juridiques contemporaines et techniques d'influence inédites
Sous la direction de Jacques Fischer-Loukou et Peggy Larrieu
Dirigé conjointement par une juriste et un psychosociologue, voici un état des lieux rigoureux, actualisé et très accessible sur les plus récentes dispositions juridiques se rapportant à la médiation. L'ouvrage traite sans aucun tabou de la notion d'influence, pertinente en psychologie sociale, ainsi que de quelques techniques surprenantes mais efficaces, utilisées par des médiateurs professionnels.
(25.00 euros, 254 p.)
ISBN : 978-2-343-00220-0, ISBN EBOOK : 978-2-296-53421-6

PRINCIPE (LE) DE L'AUTODÉTERMINATION DES PEUPLES – Concept et application concrètes
Huet Véronique
La démocratisation de l'État est un des objectifs prioritaires de l'ONU et d'autres organisations régionales. Les pratiques démocratiques au sein des États peuvent favoriser la paix entre eux et conduire à une culture de paix démocratique, donc de la restauration de l'État de droit. On peut conclure à l'émergence de pratiques démocratiques fondées sur une certaine revalorisation de l'individu au sein de la société étatique, et même internationale, par le prisme de la protection des droits humains et du droit à la dignité.
(23.00 euros, 230 p.)
ISBN : 978-2-343-00274-3, ISBN EBOOK : 978-2-296-53256-4

INTERACTIONS DU DROIT INTERNATIONAL ET DU DROIT DE L'UNION EUROPÉENNE
Un pluralisme juridique rénové en matière de propriété industrielle
Ben Dahmen Khedija
Étudier la protection de la propriété industrielle dans l'optique des rapports de systèmes et en ciblant les interactions du droit international et du droit de l'Union européenne, présente un grand intérêt à plus d'un titre : d'une part parce que cette étude s'attache à explorer l'essence même de la globalisation. D'autre part, à travers le fonctionnement de la globalisation, les rapports de systèmes traduisent la mouvance sociale, économique, culturelle d'une ère qui induit donc un pluralisme juridique rénové.
(Coll. Logiques Juridiques, 56.00 euros, 670 p.)
ISBN : 978-2-296-99771-4, ISBN EBOOK : 978-2-296-53388-2

L'HARMATTAN ITALIA
Via Degli Artisti 15; 10124 Torino

L'HARMATTAN HONGRIE
Könyvesbolt ; Kossuth L. u. 14-16
1053 Budapest

L'HARMATTAN KINSHASA
185, avenue Nyangwe
Commune de Lingwala
Kinshasa, R.D. Congo
(00243) 998697603 ou (00243) 999229662

L'HARMATTAN CONGO
67, av. E. P. Lumumba
Bât. – Congo Pharmacie (Bib. Nat.)
BP2874 Brazzaville
harmattan.congo@yahoo.fr

L'HARMATTAN GUINÉE
Almamya Rue KA 028, en face du restaurant Le Cèdre
OKB agency BP 3470 Conakry
(00224) 60 20 85 08
harmattanguinee@yahoo.fr

L'HARMATTAN CAMEROUN
BP 11486
Face à la SNI, immeuble Don Bosco
Yaoundé
(00237) 99 76 61 66
harmattancam@yahoo.fr

L'HARMATTAN CÔTE D'IVOIRE
Résidence Karl / cité des arts
Abidjan-Cocody 03 BP 1588 Abidjan 03
(00225) 05 77 87 31
etien_nda@yahoo.fr

L'HARMATTAN MAURITANIE
Espace El Kettab du livre francophone
N° 472 avenue du Palais des Congrès
BP 316 Nouakchott
(00222) 63 25 980

L'HARMATTAN SÉNÉGAL
« Villa Rose », rue de Diourbel X G, Point E
BP 45034 Dakar FANN
(00221) 33 825 98 58 / 77 242 25 08
senharmattan@gmail.com

L'HARMATTAN BÉNIN
ISOR-BENIN
01 BP 359 COTONOU-RP
Quartier Gbèdjromèdé,
Rue Agbélenco, Lot 1247 I
Tél : 00 229 21 32 53 79
christian_dablaka123@yahoo.fr

649106 - Avril 2016
Achevé d'imprimer par

1livre.com
du rêve à la réalité !

www.ingramcontent.com/pod-product-compliance
Lightning Source LLC
LaVergne TN
LVHW021236061026
849535LV00008B/3078
9782343041896